Astrid Draxler
Angelika Koch

Das FenKid-Buch für Eltern

Für Anna, Lukas und Gabriel

Astrid Draxler
Angelika Koch

Das FenKid-Buch für Eltern

Kindern liebevoll Halt geben

Kösel

Einleitung

Für uns ist die Veränderung vom Paar- zum Elternsein etwas ganz Besonderes, das dem Leben neuen Sinn gibt und eine enorme Bereicherung schafft. Gleichzeitig treibt junge Eltern die Frage um, wie sie ihr Liebstes ins Leben begleiten können, damit es Halt und Geborgenheit erlebt und sich im eigenen Leben später behaupten und wohlfühlen wird.

Während der Schwangerschaft wechseln sich Gefühlszustände von Freude und Zuversicht mit Unsicherheit, Unruhe und Aufregung ab. Das entzückendste Baby wird visualisiert, und das Paar schaut aus unterschiedlichen Perspektiven auf ihr künftiges Leben mit Kind: mal begeistert, mal besorgt. Die Vorstellungskraft blüht und entwirft meist glückliche Bilder – und irgendwann ist der Augenblick da, an dem die werdende Mutter weiß: »Jetzt ist es so weit. Jetzt werde ich bald wissen, wie du aussiehst, wie du riechst, wer du bist. Egal, welche Vorstellungen ich hatte, nun bin ich bereit für dich, so wie du bist.«

Was ist FenKid?

Wir haben FenKid als ein die Bindung förderndes Konzept entwickelt und bieten hierzu seit vielen Jahren Beratung und Kurse an. FenKid steht dabei ganz einfach für »Frühe Entwicklung von Kindern begleiten«.

Die Entstehung von FenKid

1979 wurde in ehrenamtlicher Arbeit von fünf engagierten Müttern, Pionierinnen der partnerschaftlichen Geburtsvorbereitung, die Beratungsstelle für Natürliche Geburt und Elternsein e.V. gegründet, deren Wurzeln in der Frauen- und Selbsthilfebewegung liegen. Mittlerweile arbeiten fünfzig Kursleiterinnen und Beraterinnen in der Häberlstraße 17 in München, beraten und informieren schwangere Frauen beziehungsweise Paare und Eltern, unabhängig von kommerziellen Interessen, in Einzelstunden und Kursen. Dabei ist der ganzheitliche Blick auf die Gesundheit von Körper, Geist und Seele in dieser lebensverändernden Phase von Schwangerschaft, Geburt und den ersten Lebensjahren des Kindes von tragender Bedeutung. Wir hinterfragen kritisch die rasanten Entwicklungen der vorgeburtlichen Diagnostik, die Frauen und Männer oftmals vor schier unlösbare Entscheidungen stellt und die Zeit der »guten Hoffnung« durch den Blick auf Risikostatistiken oftmals auf eine »Schwangerschaft auf Probe« reduziert. Auch die in manchen Regionen deutlich eingeschränkten Möglichkeiten der freien Wahl des Geburtsortes und die zu hohen Kaiserschnittraten mit ihren nicht zu unterschätzenden Folgen für Mutter und Baby wecken immer wieder unseren Kampfgeist. Weniger als 2 Prozent der Schwangeren wünschen sich eine Schnittentbindung und nur etwa 12 bis 15 Prozent der Kaiserschnittentbindungen sind physiologisch notwendig, so Empfehlungen der Weltgesundheitsorganisation WHO. Also bleibt unser Bestreben, Frauen und ihre Partner in der Schwangerschaft durch klärende Informationen und kräftigende, ihre Ressourcen stärkende Übungen für eine selbstbestimmte, sichere Geburt zu begleiten, wichtig und wertvoll. Mit unserem frauen- und familienorientierten Ansatz tragen wir außerdem einen wesentlichen Anteil an der psychosozialen Versorgungsstruktur in München: mit individuellen Fachberatungen zu psychischen Krisen rund um die Geburt, zu Schlaf, Stillen und Schreien von Babys und Kleinkindern sowie zur Verbesserung der Beziehungen innerhalb der Familie. In all diesen Belangen können Sie uns gern persönlich anfragen (siehe Anhang).

Das FenKid-Kurskonzept entstand aus Anfragen von Eltern und unserer Auseinandersetzung mit den pädagogischen Konzepten von Emmi Pikler, Maria Montessori, der Bewegungslehre von Elfriede Hengstenberg und dem beratenden Ansatz des Familientherapeuten Jesper Juul. Durch die wachsenden gesellschaftlichen Herausforderungen für Familien und die neuen wissenschaftlichen Erkenntnisse zur Frühpädagogik entwickelte sich dieses Eltern-Kind-Kurs-Konzept immer weiter und wurde in München rasch bekannt und sehr beliebt. Nach Jahren guter Praxis mündeten diese Kenntnisse in eine Weiterbildung für Kursleiterinnen, die FenKid mittlerweile in viele deutsche Städte getragen hat.

Was macht FenKid aus?

FenKid-Kurse beinhalten eine für Eltern hilfreiche Struktur und genügend Freiraum für individuelle Erfahrungen. Eltern werden umfassend über die Bewegungs- und Persönlichkeitsentwicklung ihrer Kinder informiert und im Aufbau ihrer Handlungssicherheit und Elternkompetenz unterstützt. Im FenKid-Kurs folgen die Kinder in einer vorbereiteten Umgebung mit altersgemäßen Materialien spontan ihren Bewegungsimpulsen und sammeln dabei sensorische, motorische und soziale Erfahrungen. Sie erleben sich dabei kompetent und liebevoll begleitet. Das Betrachten des freien Spiels schärft die Wahrnehmung der Mütter und Väter für die Bedürfnisse ihrer Kinder. Sie erleben, wie sie durch ihre wertschätzende Aufmerksamkeit und durch feinfühliges Eingehen auf die Kinder diese immer besser verstehen, und sie finden durch das moderierte Gespräch in einer stützenden Gruppe positive Impulse für ein gelassenes und bereicherndes Familienleben. In ihrer wissenschaftlichen Bewertung beschreibt das Bayerische Staatsinstitut für Frühpädagogik (ifp) FenKid als bindungsförderndes, auf unterschiedlichen Ebenen präventiv wirksames Konzept.

Eltern erleben FenKid

»Sehr unterstützend empfand ich das wertfreie Beobachten und das klare, freundliche Ansprechen der Kinder. Das hat sich in das Leben mit meiner Tochter tief verankert und darauf baue ich immer noch auf. Stärkend fand ich, meine eigenen Grenzen zu formulieren und so meiner Tochter die Möglichkeit zu bieten, ihre daran zu orientieren. Und trotzdem flexibel zu bleiben und meine eigene Haltung immer wieder zu überdenken und eventuell zu verändern, anzupassen. Und natürlich auch die Sichtweisen der anderen Mütter. Oft hilft ja in schwierigen Situationen schon das darüber Reden. Zu merken, ich bin nicht allein mit meinen ›Sorgen‹. Ich denke, meine Tochter hat sich so ihre Selbstsicherheit und auch ihre Selbstständigkeit erarbeitet. Ich empfinde sie als sehr zugewandt und emphatisch. Sie kann ziemlich klar formulieren, was sie will und warum. Sie erkennt meist meine Aussagen und auch mein Nein an. Wenn nicht, kann sie mit mir drüber reden – zumindest, wenn ich sie dazu einlade. (Was nicht heißt, dass es bei uns nicht ab und zu kracht. Mal mehr, mal weniger ...) Wir nehmen uns gegenseitig ernst. Respektvolle Kommunikation ist bei uns das Nonplusultra. Ohne kann ich gar nicht mehr! Ich habe mir das aber wirklich auch in allen anderen Bereichen meines Lebens angeeignet!«

Rosanna S., fünfjährige Tochter

»Ich habe gelernt, in mein Kind zu vertrauen. Alles kommt zu seiner Zeit, man muss nur achtsam sein. Dieses Vertrauen in mein Kind lebe ich noch heute und freue mich täglich daran, ihm beim Spielen und Lernen einfach nur zuzusehen und so zu erleben, was mein Kind alles kann oder gerade lernt. Herrlich! Auch die Lieder sind bei uns immer noch ein großer Teil unseres Alltags, ebenso das Spielmaterial. Das wird gerade wieder für die Geschwister hervorgeholt. Mein Sohn hat durch FenKid gelernt, sich dem Spiel vollkommen hingeben zu können. Dass ist eine wunderschöne Gabe. Ich erkenne das heute daran, dass er völlig im Spiel versinkt oder auch neue Dinge durch mehrmalige Wiederholungen für sich entdeckt, zum Beispiel Klettern und Springen von Spielgeräten oder neue Fahrzeuge, wie sein Laufrad. Er kann gut abschätzen, wie viel er sich selbst zutraut. Toll! Kurze Übungen der Achtsamkeit wende ich täglich an. Das hilft gerade jetzt, wo ich nochmals Zwillinge bekommen habe, um mich wieder zu erden.«

Veronika S., zweijähriger Sohn

»Im FenKid war diese angenehme Atmosphäre und die erste intensivere Vater-Sohn-Erfahrung. Stärkend war das Vertrauen darauf, dass mein Sohn das, was er macht und sich selbst zutraut, auch kann. Er kennt seine Grenzen, und ich kann ihm vertrauen, dass er sich Hilfe holt, sollte er sie brauchen. Die respektvolle Kommunikation dabei war eine sehr positive Erfahrung, dass man die Kinder machen lässt (zum Beispiel einen Konflikt lösen), ohne einzugreifen. Die Kinder regeln das oft viel besser untereinander, als wenn wir Erwachsenen/Eltern eingreifen.«

Johannes H., vierjähriger Sohn

»FenKid war für mich: sich entspannt zurücklehnen und sein Kind genießen, Austausch mit Gleichgesinnten, Leitlinien für die Herausforderungen der neuen Lebenssituation, die Ermutigung, mich von tradierten Ideen/Vorurteilen frei zu machen, auf mein Gefühl zu vertrauen, meinem Kind zu vertrauen. Ich finde, unsere ganze Familie hat großes Glück, dass wir uns zur rechten Zeit mit den Ideen von Pikler, Montessori, Juul etc. auseinandersetzen konnten. Seinen eigenen Weg zu finden, kann einem dabei niemand abnehmen, aber mein Mann und ich haben uns von FenKid begleitet gefühlt. Neben dem ganz normalen Alltagswahnsinn empfinden wir unser Familienleben als glücklich, reich und stärkend. Die Kinder geben uns reichlich Gelegenheit, mit ihnen zu wachsen.«

Andrea W., Kinder von vier, sechs und neun Jahren

»Im FenKid wurde ich bestärkt, auf mein Gefühl zu hören und mich auch gegen ›Erziehungstipps‹, die mir nicht gefallen, durchzusetzen oder sie an mir abprallen zu lassen. Das stärkt die Beziehung zum Kind und auch das Vertrauen in einen selbst und wirkt sich so auf sehr viele andere Bereiche des Lebens ebenfalls aus.«

Christina S., Kind von 18 Monaten

»FenKid war für mich: genau hinzuschauen, was die Kinder in der jeweiligen Lebensphase interessiert, sich nicht von Vorstellungen anderer unter Druck setzen zu lassen, wann ein Kind was können sollte (meine Töchter waren beide ziemlich spät mit Krabbeln und Laufen), nichts an Bewegungen zu trainieren. Dazu kam die liebevolle Begleitung, auch unter den Kursteilnehmern. Die Kinder bekamen das Selbstbewusstsein, genau sagen zu können, wie es ihnen geht (durch das Spiegeln von Gefühlen). Sie spielen gern allein oder zu zweit, ganz konzentriert. Wir singen auch oft zusammen.« **Christiane E., Kinder von drei und acht Jahren**

»Im FenKid habe ich gelernt, mich nicht immer gleich einzumischen oder einzuschreiten. Die Babys oder Kinder bekommen das meist ganz allein hin. Ich konnte Vertrauen in mein Kind entwickeln. Man muss nicht nonstop hinter dem Kind her sein, nicht bei allem helfen. Sie finden selbstständig viele Beschäftigungen und können sich gut selbst weiterhelfen. Auch bei Konflikten zwischen den Kindern. Einschreiten der Erwachsenen macht es oft nur komplizierter.«

Sonja S., vierjährige Tochter

Feedback von Fachleuten

»Als Hebamme und fünffache Mutter empfinde ich diese Art der Begleitung von Eltern und ihren Kindern als Liebesschule des Sehens. Hier wird ein Raum geschaffen, in dem Zeit und Muße ist, die eigenen Kinder wirklich als das zu sehen und wahrzunehmen, was sie gerade sind. Durch nicht autoritäre und zurückhaltende Kursleitung werden Eltern unterstützt, ihre Kinder ohne den Filter der Bewertung wahrzunehmen. Sie werden gestärkt darin, ihre Kinder im Hier und Jetzt authentisch, in ihrer Individualität und jenseits der Wertungstabellen z.B. des Kinderuntersuchungsheftes zu sehen. Dies im gleichzeitigen Austausch mit anderen Eltern des Kurses hat zur Folge, dass sehr viel Druck abgebaut werden kann. Persönlicher Erwartungsdruck, den Eltern spüren, weil sie glauben, ihr Kind müsste sich nach dem entwickeln und verhalten, was sie gelesen oder von Freunden, eigenen Eltern, Kinderarzt erzählt bekommen. Oder aber es kommt zum Vorschein, dass innere Erwartungsbilder entwickelt wurden, wie das eigene Kind bitte sein sollte. Und diese wiederum haben natürlich sehr viel mit unserer eigen Kindheit und unseren Eltern zu tun. Ich bin der Überzeugung, dass es, gerade in unsrer heutigen Welt, so wichtig ist Kinder großzuziehen, die sich wertvoll und gesehen fühlen um ihrer selbst wegen. Sorgen wir dafür, dass mit uns Kinder heranwachsen, die sich als Selbstgestalter ihres eigenen Lebens empfinden, und die, jedes auf seine Weise, unsere Welt ein bisschen schöner und friedlicher machen.«

Andrea Klinger, Geburtshaus Schwabmühlhausen

»Die 20-jährige Erfahrung der Autorinnen mit FenKid-Kursen ist in jeder Zeile spürbar. Sie schreiben nicht Drumherum, kommen gleich auf den Punkt und nennen vieles direkt beim Namen. So konnte ich mich als Vater sofort hineinfinden - auch, wenn meine Kinder dem Kursalter längst entwachsen sind.
Es fühlt sich gut an, dass ich als Mann beim Lesen Anerkennung erfahre. Dieser wohlwollende Blick auf die Eltern schenkt einem Vater, und natürlich auch einer Mutter, immer wieder das Gefühl der Wertschätzung - denn seien wir doch mal ehrlich: Jeder gibt doch innerhalb einer Familie sein Bestes.
Sehr gelungen finde ich außerdem die Mischung aus Hintergrundwissen, Elternfragen und dem Eltern-Austausch im Kurs. Diese realistischen Beispiele aus dem Alltag mit Kindern gefallen mir sehr gut und machen die Buch-Themen verständlich und nachvollziehbar.«

Frank Schwarz macht Radio beim Bayerischen Rundfunk und ist Coach für (werdende) Väter

Warum Ihnen dieses Buch helfen wird

Wie vielfältig sich das Leben mit Kindern gestalten kann, kennen wir selbst aus langjähriger Erfahrung als Mütter und als Begleiterinnen anderer Eltern. Wir wissen um die vielfältigen Fragen der frühen Elternschaft, um die Wünsche und Hoffnungen und die gesellschaftlichen Zwänge. Die Eltern, mit denen wir arbeiten, schätzen es, dass wir ihre Fragen aus dem Blickwinkel der Kinder und dem der Erwachsenen betrachten. Sie lieben es, in den Kurszeiten Ruhe und Entspannung für sich zu finden, und profitieren von den fachlichen Informationen, die ihnen die Entwicklungsprozesse ihres Kindes am direkten Beispiel erklären. Sie finden so einen stimmigen Weg, um sich als Eltern zu erleben, die ihre Sache »gut genug« machen und ihrem Kind den Halt fürs Leben mitgeben, den sie ihm wünschen.

Die tiefgehenden Einsichten, die wir aus den FenKid-Kursen und den vielen vertrauensvollen Gesprächen mit Eltern gewinnen durften, werden wir für Sie in diesem Buch wiedergeben. Dabei hat uns die Frage, wie wir den lebendigen Ablauf eines Gruppengeschehens zwischen zwei Buchdeckel bekommen, sehr herausgefordert. Wir haben nun versucht, die offene und respektvolle Atmosphäre dadurch spürbar werden zu lassen, dass wir verschiedenartige Akzente im Text setzen und Fotos aus den Kursen zeigen. Wir haben die tragenden Inhalte von FenKid ausgewählt, um die frühen Entwicklungsstufen von Kindern deutlich werden zu lassen und jeweils deren Perspektive aufzuzeigen. Gleichzeitig thematisieren wir die Aufgaben und Herausforderungen für die Eltern. Wir sprechen bei Eltern von Mutter und Vater und meinen genauso Mutter und Mutter oder Vater und Vater. Viele fragen, wie sie ihre Kinder gut erziehen können, ohne ihrer Entwicklung und ihrer Seele zu schaden. Dazu bieten wir praxiserprobte Sichtweisen und vielfältige Anregungen an und kommen oftmals schnell auf den Punkt, an dem es für Eltern und Kinder knifflig wird. Wir schreiben dieses Buch immer in der vollen Wertschätzung für Eltern, die bereits das Bestmögliche umsetzen und vielleicht in Zeiten hochwogender Wellen mithilfe unserer Erfahrungen und der geschilderten Beispiele ihren Kurs nachjustieren wollen.

In unseren FenKid-Kursen werden neben Inputs zu wichtigen Themen der kindlichen Entwicklung auch die Reaktionen der Eltern auf das Verhalten der Kinder im vertrauten Rahmen angesprochen und reflektiert. Die Mütter und Väter erleben sich dabei in ihren unterschiedlichen Haltungen als angenommen. Sie schöpfen zudem aus dem Erfahrungsschatz der anderen und erhalten Anregungen und Hinweise, um Probleme zu überdenken und zu klären. Sie erfahren Empathie für die unterschiedlichen Wege des Elternseins. Diesen Geist möchten wir nun in Form eines Buches verbreiten.

Einen zentralen Platz nimmt dabei die Liebe ein, ohne die die Begleitung von Kindern nicht gelingen kann. Wir haben junge Eltern gefragt: »Was heißt für Sie liebevoll?« und sie zählten auf: »freundlich, gewaltlos, ohne zu schreien, keine Manipulation, hilfreich, zärtlich, die Freundlichkeit behalten, auch wenn es schwierig wird, würdevoll«. So viele Feinheiten und sicher noch mehr, werden mit dem Begriff der Liebe verbunden. Jesper Juul spricht davon, dass es in gelingenden Beziehungen darum geht, liebevolle Gefühle in liebevolles Handeln umzusetzen, damit die Kinder diese Liebe auch spüren können und sich wertvoll fühlen. In diesem Sinne zeigen wir in den Kapiteln dieses Buches Wege auf, die von der Geburt des Babys über die ersten drei Jahre ein liebevolles Miteinander ermöglichen und damit die Basis fürs gesamte (Familien-)Leben legen.

Ein Buch, das sind mit Worten bedruckte Seiten. Wir haben als Mütter selbst erfahren, wie hilflos oder sorgenvoll uns mancher Satz in einem »Ratgeber« hinterlassen hat. Das passiert leicht mit Geschriebenem, weil wir nicht direkt im Gespräch nachfragen können, um eventuelle Missverständnisse auszuräumen. Wir wissen, dass es trotz unseres Bemühens um wertschätzende Aussagen auch hier geschehen kann, und wenn Sie der Rat »schlägt«, schreiben Sie uns bitte oder wenden Sie sich an eine FenKid-Kursleiterin.

Und nun wünschen wir Ihnen als Eltern die Zuversicht in Ihre innere Kraft, den Mut, Ihren eigenen Weg zu gehen, und einen freundlichen Blick auf Ihre Stärken und Schwächen ebenso wie auf die Ihres Kindes.

Beste Nahrung für Kinderseelen: Beziehungsvolle Pflege

Liebevoll von Anfang an – ein Motto, dem fast alle Menschen beim Betrachten eines Neugeborenen zustimmen. Im Leben mit dem Baby kann aber recht bald die Frage aufkommen, wie das denn tatsächlich immer möglich ist. Ist liebevoll immer machbar und nötig? Wie gehen Eltern einen liebevollen Weg, aus dem ihr Kind den sicheren Halt schöpfen kann, den es für sein weiteres Leben braucht?

Eltern beginnen an sich zu zweifeln oder machen sich Vorwürfe, wenn sie entdecken, dass sich in die liebevolle Zuwendung zu Ihrem Kind plötzlich andere Gefühle mischen, wie Ungeduld, Angst, Misstrauen oder Wut. Niemand bringt Menschen so intensiv dazu, über die eigenen Grenzen ins bislang Unbekannte zu gehen wie das eigene Kind. Viele neue Fragen tauchen auf, machen zunächst unsicher, aber bald auch souveräner. Durch die Beschäftigung mit den eigenen Elternthemen lernen Sie sich selbst besser kennen, und auch als Paar entdecken Sie sich durch die Elternschaft neu. Das, was Sie in diesen ersten Jahren an liebevoller Haltung entwickeln und etablieren, trägt Sie und Ihr Kind in die Zukunft.

Berührung – »Ich lass dich fühlen, was du für mich bist«

Erinnern Sie sich an eine Berührung, durch die Sie sich pudelwohl gefühlt haben? Vielleicht bei einer Massage oder einer anderen Behandlung? Was war das Ausschlaggebende daran? Nun, erst einmal muss die Person, die Sie berührt hat, vertraut oder zumindest so angenehm gewesen sein, dass Sie eine innige Berührung zulassen konnten. Was noch? Sie hatten genügend Zeit, einen passenden Platz zum Liegen, Sitzen oder Stehen, an dem Sie sich sicher genug fühlten, und die Temperatur im Raum war wohltuend. Als Sie berührt wurden, wurde dies in einer netten Form angekündigt, und der Kontakt von Haut zu Haut war stimmig, Ihre Grenzen (Scham, Schmerz) wurden respektiert und gegen Ende bekamen Sie genug Zeit, um nachzuspüren und sich auf den Abschied vorzubereiten.

Heutzutage haben nur wenige Erwachsene schon vor der eigenen Elternschaft Erfahrungen mit Babys gesammelt, und es ist eher selten geworden, sich mit einem kleinen Säugling im Arm sofort vertraut zu fühlen. Das geht Frauen wie Männern so, doch alle haben bereits gute oder weniger gute Erfahrungen mit Berührung gemacht. Woraus Ihr Baby, zum Beispiel bei der Körperpflege, Wohlbefinden schöpft, das ist die Qualität Ihrer Berührungen und die Verlässlichkeit Ihrer Zuwendung. Dies wächst durch Einfühlung, Zeit, Geduld und Übung.

Sie befinden sich mit allem, was das Elternwerden angeht, erst einmal wieder am Anfang eines Weges zu neuer Meisterschaft. Dies in Ihr Herz zu nehmen und nicht von sich zu verlangen, dass gleich alles gelingt, wird Ihr Baby Ihnen danken. Denn eine gespielte Sicherheit der Eltern fühlt sich eher unangenehm an. Es muss und kann nicht immer alles auf Anhieb gelingen. Sie werden durch die Signale Ihres Babys dessen feine Zeichen für Wohlgefühl und Unwohlsein immer deutlicher erkennen können und somit immer klarer herausfinden, was Ihr Baby wann braucht. Mit etwas Vertrauen in sich und Ihr Baby können Sie mit der Kraft des Anfängergeistes und Ihren intuitiven Elternkompetenzen zu einer innigen

Beziehung finden. Wenn Sie etwas tun, was dem Kind ein Unwohlsein vermittelt, wird es Ihnen Zeichen geben, sodass Sie sich in Ruhe korrigieren können. So lernen beide Seiten.

Feinfühligkeit

Babys brauchen von ihren Eltern feinfühlige Zuwendung. Das bedeutet, die Äußerungen des Kindes ernst zu nehmen und respektvoll in Sprache und Handlung darauf einzugehen. Und das nicht nur in den ersten Wochen, sondern ein ganzes Familienleben lang. In der frühen Zeit braucht das Baby die Antwort sehr prompt und verlässlich, damit es sich schnell wieder beruhigen kann und damit es die Reaktion der Eltern als direkte Antwort auf sein gezeigtes Bedürfnis erlebt. Das feinste Gefühl für Ihr Baby und Kleinkind haben Sie, die Eltern – Sie können Ihr Kind am besten einschätzen. Keine Fachperson kennt Ihr Kind so gut wie Sie, auch wenn es Ihr erstes Kind ist!

Das Kennenlernen ist ein fließender Prozess. Das feine Gefühl für die Details wächst in den ersten Wochen und Monaten. Die gute Nachricht der Bindungsforschung ist, dass Feinfühligkeit erlernt und vertieft werden kann, selbst wenn sie in der eigenen Kindheit vermisst wurde oder schwierige Lebensumstände damals einen liebevollen Umgang zwischen Eltern und Kind erschwert haben. Eltern bekommen liebevolle Gefühle und die Bereitschaft, innere Grenzen zu überwinden, quasi zur Geburt ihres Babys mit geschenkt. Diese Gefühle können Sie in ihren Blick, ihre Mimik, ihre Stimme und in ihre Hände fließen lassen und damit weiche und sichere Botschaften vermitteln. Feinfühligkeit beginnt bereits nach der Geburt mit der Art und Weise, wie in der täglichen Körperpflege und Zuwendung auf das Baby eingegangen wird. Selbst wenn liebevolle Gefühle durch eine schwere Geburt, starke hormonelle Schwankungen oder psychische Krisen rund um die Geburt überdeckt sein können, sind sie doch vorhanden und mit zunehmender Gesundung abrufbar und als nährende Berührung für Ihr Baby wertvoll.

Vertrauen aufbauen

Pflege soll verlässlich sein, respektvoll und würdevoll in Berührung und Sprache. Daher kann ein pflegebedürftiger Mensch, egal, ob Säugling oder Senior, seine Autonomie und Würde bewahren und das, was er schon oder noch kann und selbst tun will, mit einbringen. Auf diese Weise kann ein Miteinander entstehen, das für beide Seiten bereichernd ist; denn Berührung wirkt besonders auf der emotionalen Ebene.

Eltern können sich gute pflegerische Erfahrungen zu eigen machen und damit ihrem Kind das Wichtigste für ein gesundes Aufwachsen mitgeben: ein stabiles Selbstgefühl und Sicherheit im Ausdruck eigener Gefühle und Grenzen. Zeigen Sie also dem Baby: Ich bin für dich da, schnell, zuverlässig und beständig!

In den ersten Wochen ist es noch recht schwierig, die Signale des Kindes richtig zu deuten. Wenn Sie aber in dieser frühen Zeit bei jedem Ruf aufmerksam zu Ihrem Baby sprechen, es vielleicht aufnehmen und beruhigend wiegen, bei Hunger stillen oder Fläschchen geben, es bei voller Windel in einem warmen Umfeld sauber machen und ihm Nähe und Geborgenheit schenken, wird es immer mehr

Vertrauen aufbauen, und Sie werden seine Signale nach und nach klarer verstehen. Es kommt eine Art Feintuning in der Kommunikation in Gang, ohne die es kein vertieftes Verstehen gäbe. Das Kind kann anfangs das, was es in sich spürt und wahrnimmt, nicht immer richtig deuten und auch lange nicht benennen. Es wird sich unterschiedlich äußern. Dazu braucht es von Mutter und Vater Angebote, die es an- oder ablehnen kann, um dadurch herauszufinden und differenzieren zu lernen, was nun zum Beispiel Hunger oder Frust oder Müdigkeit oder Bedürfnis nach Nähe ist.

Ganz beim Kind sein

Um das »feine Fühlen« zu praktizieren, braucht es noch etwas: den Faktor Zeit. Anfangs fällt es Müttern und Vätern gar nicht schwer, die Momente der Pflege zum Beispiel beim Wickeln ausführlich zu zelebrieren. Ermöglichen Sie Ihrem Baby, so oft Sie Zeit haben, den eigenen Körper und die Gefühle bei der Berührung, wie zum Beispiel beim Wickeln, Waschen, Baden, Trocknen, Ölen, vielleicht Massieren, zu genießen. Ihr Baby möchte in Ihren Augen sehen, dass es gemeint ist. Es möchte von Ihren Händen spüren, dass es gemeint ist, und es durch Ihre Worte hören. Dazu braucht es Zeit, aber oftmals auch nicht mehr als ein durch unaufmerksames Handeln verunsichertes Kind zu beruhigen. Es wäre eine ungünstige Botschaft, wenn Sie Ihrem Kind vermitteln würden, dass die Körperpflege rasch erledigt werden muss, um schnell wieder miteinander spielen zu können. In der Zeit, in der Sie und Ihr Kind in den verschiedenen Pflegeprozessen beieinander sind, geschieht etwas, was jetzt besonders gut geschehen kann: Ihr Kind nährt sich an Ihnen und Ihrer Zuwendung, durch diese Zweisamkeit wird es emotional satt. Darum sollten Sie in diesen Momenten versuchen, wirklich beim Kind zu sein und nicht bei der Einkaufsliste oder etwas anderem, was Sie beschäftigt. Ihr Kind spürt, ob Sie wirklich da sind, und wenn Sie bemerken, dass es Ihnen gerade schwerfällt und die Gedanken immer wieder an einen anderen Ort hüpfen, dann nehmen Sie dies in Ihr Gespräch mit dem Kind hinein. »Oh, ich denke dauernd an das bevorstehende Gespräch mit meinem Arbeitgeber. Ich bin etwas aufgeregt, ja, das merkst du auch … « Dieses Erzählen kann für Sie klärend sein, und obwohl das Kind noch nicht den Sinn Ihrer Worte versteht, merkt es doch, dass Sie ihm nichts vorspielen.

Reden ist ohnehin eine Möglichkeit von Beginn an Feinfühligkeit zu schulen: Wenn Sie begonnen haben, ein kleines Gespräch mit dem Baby zu führen, und es Ihnen deutlich macht, wie gern es Ihnen zuhört, wenn es in Mimik und mit Lauten auch mit Ihnen spricht, dann erleben Sie wie wertvoll es ist, Ihr Tun und Ihr Vorhaben in Worte zu fassen.

Erst wenn es genug »liebevolle Aufmerksamkeit« getankt hat, wird es sich Abenteuern widmen und auf Entdeckungsreise gehen. Und dann haben Sie für eine gewisse Zeit »frei«, denn um zum Beispiel im Babykorb oder auf der Spieldecke liegend die eigenen Hände oder später den Raum der Wohnung und die Dinge darin zu erforschen, braucht es keine unmittelbare Zuwendung. Das Kind muss nur wissen und sehen, dass Sie oder eine andere vertraute Person da sind.

Elternfrage: »Muss ein Baby warten lernen?«

»Meine Freundin hat mich darauf hingewiesen, dass es langsam an der Zeit ist, nicht immer gleich auf Friedas Rufen zu reagieren, da sie sonst nicht lernt, auch mal zu warten, und ich sie zu sehr verwöhne. Muss meine fünfmonatige Tochter lernen, sich zu gedulden?«

Ein Kind muss im ersten Jahr nicht zum Wartenkönnen erzogen werden, denn das kann es noch nicht verstehen. Was es lernen würde, wäre: »Wenn eh niemand kommt, brauche ich auch nicht zu rufen« – und dabei entweder langsam aufgeben oder immer lauter werden. Das Kind, das aufgibt, wird in seinen Anforderungen leiser werden.

Ein freundliches Eingehen auf die echten Bedürfnisse des Babys stärkt sein Selbstwertgefühl, es fühlt sich gesehen, wertvoll und sicher. Sein Vertrauen in die Eltern und in sich selbst wird weiter vertieft.

Wenn Sie einmal in Konflikt mit der Zeit kommen, weil Ihr Baby zum Beispiel weint, Sie sich aber gerade dringend um das Geschwisterkind oder sich selbst kümmern müssen, und nicht sofort stillen oder das Baby auf den Arm nehmen können, dann hilft es ihm, wenn es Ihre beruhigende Stimme hört. Das befriedigt zwar nicht sein Bedürfnis und sollte bei kleinen Babys nicht oft vorkommen, aber es fühlt sich gehört und bemerkt. Warten lernen kann es dadurch trotzdem nicht. Zeit können Kinder lange nicht richtig einordnen. Die Zeit zu messen lernen sie erst sicher mit Eintritt ins Schulalter. Vorher entwickeln sie über die Dauer von Handlungen langsam ein Verständnis für Zeitabläufe. Kleinkinder verstehen es irgendwann, wenn die Eltern sagen: »Sobald wir fertig sind mit Tischdecken, können wir essen.« »Wenn du Zähne geputzt und den Schlafanzug angezogen hast, lese ich dir ein Buch vor.« Und sie entdecken auch am Verhalten der Erwachsenen, dass es manchmal schnell gehen muss. Dass vertieftes Spiel unterbrochen wird, weil es jetzt Zeit ist für irgendetwas anderes, oder dass die Mutter keine Zeit hat, um mitzuspielen, das ist anfangs kaum zu verstehen. Wenn ihr Kind etwas von Ihnen will, hört es vielleicht öfters dieses spannende Wort: »Gleich!« Was das für das Kind bedeutet, erfahren Sie später am eigenen Leib, wenn ihr vielleicht Zwei- oder Dreijähriger auf Ihre Frage: »Bist du so weit, können wir gehen?« mit »Gleich« antwortet ... und es sich gehörig in die Länge zieht, bis er zu Ihnen kommt.

Beruhigung und Liebe über Hautkontakt geben

Haut auf Haut zu fühlen, öffnet Ihre Herzen füreinander. Ermöglichen Sie es sich und Ihrem Baby so oft wie möglich, sich mit nackter Haut zu genießen. Der Geruch der Mutter ist dem Kind schon wenige Minuten nach dem ersten Kontakt vertraut und auch auf Vaters unverhüllter Brust tankt es Geborgenheit und Liebe. Forschungen zeigen, dass das »Liebeshormon« Oxytocin und andere wichtige Hormone, die für die Stressregulation zuständig sind, ansteigen, sobald wir liebevoll berührt werden. Und nach einer anstrengenden Geburt und in den Wochen des Vertrautwerdens, brauchen Baby und Eltern genau das: wenig Stress und eine gelassene Zeit miteinander. Sanfte Berührungen, wie ein Abstreichen des Körpers mit der gesamten Handfläche oder Griffe aus der Babymassage, durchströmen das Baby mit angenehmen Empfindungen. Die Familienärztin Emmi Pikler schreibt in ihrem Buch *Miteinander vertraut werden*, dass »die Art, wie der Erwachsene das Kind anfasst, sein allgemeines Wohlbefinden beeinflusst und ihm viele Botschaften vermittelt«.

Leicht massierende Bewegungen können beruhigend wirken oder auch aktivierend. So können Eltern mit einigen hilfreichen Massagegriffen ihr Kind in dem jeweiligen Bedürfnis stützen und stärken. Die Deutsche Gesellschaft für Baby- und Kindermassage (DGBM e.V.) beschreibt die Babymassage als uralte Kunst, »die immer mit dem Kind und nicht an ihm stattfindet.« Auch hier geht es darum, respektvoll zu berühren und die Signale des Babys zu lesen. Manche zeigen deutlich, dass sie gewisse Massageformen nicht mögen, und lassen sich durch einfaches Halten eher beruhigen oder durch Abstreifen mit sanftem Druck der warmen Handflächen von Kopf bis Fuß.

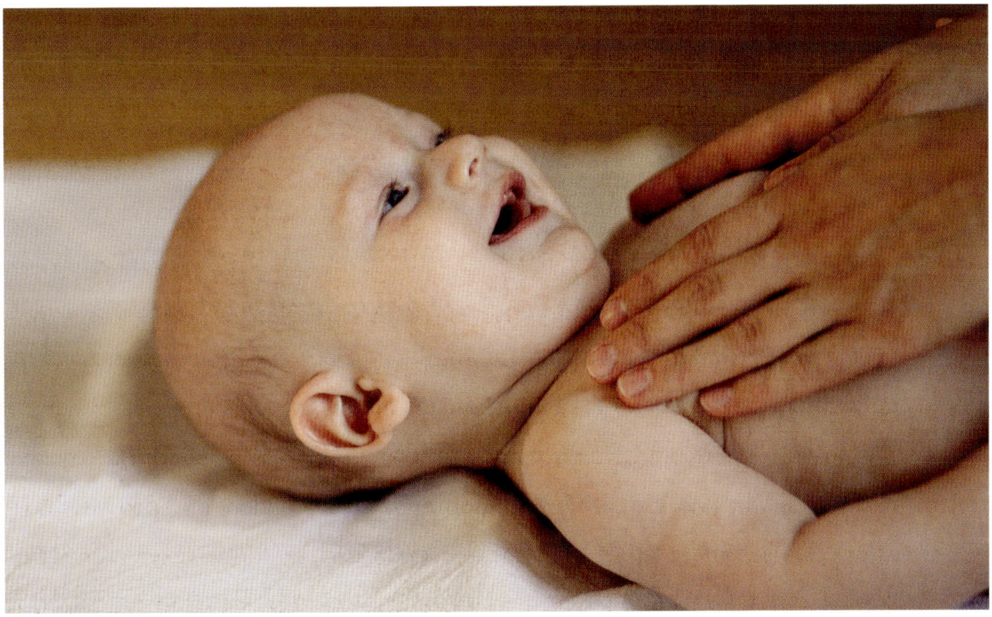

Sicherheit im Umgang miteinander

Wenn Sie als Mutter oder Vater nach einigen Wochen und Monaten des gemeinsamen Lebens herausgefunden haben, wie Sie die Äußerungen Ihres Kindes richtig interpretieren, hat auch Ihr Kind einen großen Lerngewinn erlebt. Indem Sie seine Signale verstehen und angemessen darauf reagieren, erkennt das Kind auch die ersten Zusammenhänge von Kommunikation. Das ist eine schöne Basis, auf der weiter aufgebaut werden kann. Vielen Eltern fällt es anfangs schwer, mit ihren Säuglingen zu reden: »Worüber soll ich denn beim Wickeln reden?« Es wird leichter, wenn Mutter und Vater verstehen: Bei ihrem beziehungsvollen Gespräch während der Pflege wird das Baby den Blick, die Stimmlagen und die sich wiederholenden Wortfolgen aufnehmen – und es wird versuchen, darauf zu reagieren. Die Lust an jeder Art von zwischenmenschlicher Kommunikation wird verstärkt. Ihr Baby gewinnt daraus Vertrauen und Orientierung, es erfährt Wertschätzung und Respekt.

Wohltuende Pflege

Wenn Sie Ihr Baby anziehen wollen und es mit Worten einbeziehen, wird es gern mitmachen, solange es nicht zu müde oder hungrig ist. Wenn Sie zum Beispiel das Ärmchen antippen und dazu sagen: »So, jetzt ziehe ich dir den Ärmel des Hemdchens über diesen Arm. Willst du den Arm hineinschieben?«, und etwas abwarten, dann wird es dies in seinem Tempo anbieten. So kann das Anziehen für eine gewisse Zeit eine sehr lehrreiche Kommunikation sein. Sie wird dann unterbrochen, wenn es der Bewegungsdrang des Kindes nicht mehr zulässt, genussvoll auf dem Rücken liegen zu bleiben. Dann wird das Miteinander herausfordernder und es braucht manch kreativen Weg, wie die Kleidungsstücke ohne Zwang an das Menschlein kommen. Es braucht auch die Flexibilität der Erwachsenen, um der Geschwindigkeit der Kleinen folgen zu können und der zunehmenden Selbständigkeit der Kinder gerecht zu werden.

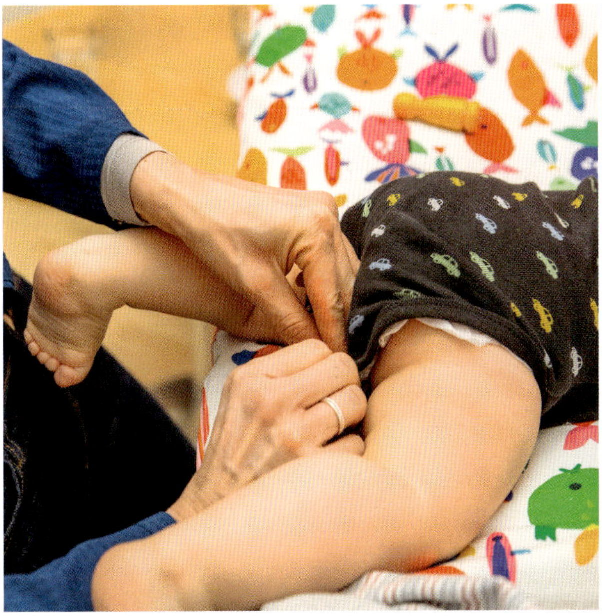

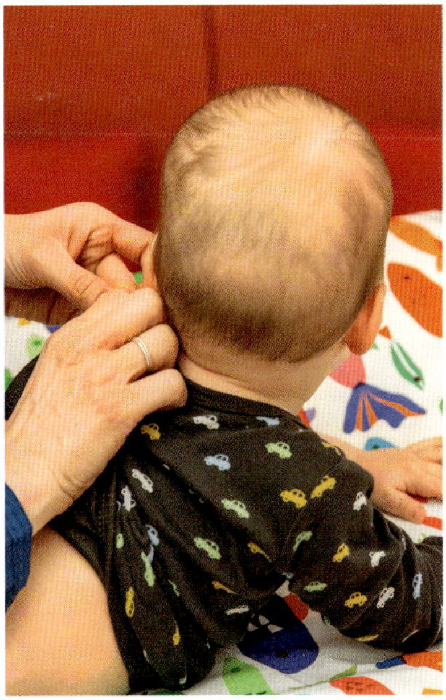

Elternfrage: »Mein Kind will sich nicht mehr anziehen lassen. Was kann ich tun?«

»Bisher war es meistens einfach, Felix, neun Monate, anzuziehen. Müsste er das Mitmachen nicht langsam gelernt haben? Ich hab schon monatelang immer das Gleiche getan, er weiß also ganz genau, was kommt. Ich werde ungeduldig, wenn ich dran denke, dass das Theater gleich wieder losgeht. Felix dreht sich ständig um und schreit, wenn ich ihn zurückdrehe, und ich werde sauer und würde am liebsten zurückschreien.«

Für Felix gibt es wahrscheinlich gerade nichts Wichtigeres, als sich zu bewegen und zu drehen. Das macht es Ihnen beiden schwer, den vertrauten Ablauf beizubehalten. In gewissen Entwicklungsschüben, speziell wenn das Kind neue Bewegungen einübt, hilft es beim Anziehen und in der Pflege, das Kind in seinen Bewegungen und Interessen nicht zu beschränken, sondern seine neuen Kompetenzen ins gemeinsame Tun einzubinden. Wenn Sie mit Verständnis auf sein momentanes Lernfeld schauen können, sind Sie vielleicht nicht mehr so ärgerlich. Dann haben Ihre Hände wieder weniger Spannung, Ihr Blick ist weniger zwingend oder irritierend, und die Stimme schwingt weicher. Das spürt Ihr Kind bei Ihrer Berührung und damit fühlt es sich wieder eingeladen mitzumachen.

Was aus dem Gefühl, sauer zu sein, heraushilft, ist manchmal ein kurzes Zumiko – ein Zu-mir-Kommen, so nennen wir unsere Übungen zur Entlastung in den FenKid-Kursen. Wenn Sie in so einem vorwurfsvollen, aber eigentlich hilflosen Zustand sind, haben Sie Ihre Freundlichkeit verloren und bereuen wahrscheinlich später, Ihr Kind so ärgerlich behandelt zu haben. Also ziehen Sie besser die Schultern ein paar Mal hoch und lassen Sie fallen. Ihr Kind wird Ihnen interessiert zuschauen und Sie beide können aus dem eingespielten Frustablauf heraustreten. Sie kommen durch einige tiefe Atemzüge zu sich und klopfen sich auf die Schulter mit dem inneren wissenden Blick, dass Sie gerade wirklich viel Geduld aufbringen.

Die ungarische Kinderärztin Emmi Pikler betont in ihren Fachschriften die Fähigkeiten, die dem Baby von Anfang an zur Verfügung stehen: Kommunikation, Kontakt, Kooperation und Kompetenz.

- In der Kommunikation erlebt Ihr Baby Nähe und Geborgenheit durch Ihre Ansprache und Ihre Stimme. Ihnen als Vater oder Mutter hilft das Sprechen dabei, wirklich im Jetzt zu sein. Durch Ihre Ansprache versteht das Kind mit der Zeit Ihre Erwartungen und erkennt die Abläufe. Mit Ihren gesprochenen Worten unterstützen Sie außerdem von Anfang an die Sprachentwicklung.
- Im echten Kontakt, egal, ob durch liebevollen Haut-, Blick- oder Sprachkontakt, stärken sich gegenseitiges Vertrauen und die Selbstwahrnehmung des Kindes.
- Kooperation entsteht, wenn beide voller Bereitschaft sind und aufeinander eingehen. Kinder wollen von Anfang an dabei sein. Ihre abwartende, liebevolle Pflege bietet dem Kind die Möglichkeit zur Zusammenarbeit.
- Kompetenz erleben Sie als Eltern, wenn Sie auf die Bedürfnisse Ihres Kindes eine passende Antwort finden. Kompetent erlebt sich das Baby oder Kleinkind, wenn es mit dem, was es bereits kann, einbezogen wird.

Das Wickeln in den einzelnen Altersstufen

Wickeln ist ein Bereich der Pflege, bei dem es Eltern oft darum geht, viele gute Tipps zu bekommen, um schnell und ohne viel Ärger damit fertig zu werden. Sobald sich das Baby beginnt zu drehen, ist es oft vorbei mit der reinen Freude auf dem Wickeltisch. Das Ganze wird eher zum lästigen Thema, das mehrmals am Tag wiederkehrt. »Wie kann das einfach und schnell vonstattengehen, damit nicht so ein Kampf entsteht und wir wieder spielen können?«, ist oftmals die Frage.

Bewegungslust beim Wickeln

Wickeln ist eines der Themen, in denen die Verbindung von einfühlsamer Pflege und Persönlichkeitsentwicklung besonders deutlich wird. Beim Wickeln erfährt Ihr Kind auf den unterschiedlichsten Ebenen etwas über sich selbst und über Sie, und deshalb ist es wertvoll, nicht jedes Mal »schnell, schnell« zu machen. War es anfangs eine Wonne für Ihr Kind, auf einem angewärmten Platz mit Ihnen zu ratschen und die Nacktheit zu genießen, kann sich mit seiner zunehmenden Mobilität das schöne Gefühl ins Gegenteil verkehren.

In Kontakt bleiben

In bestimmten Phasen der Bewegungsentwicklung wird das Stillhaltenmüssen beim Wickeln für die Kinder sehr unangenehm, besonders wenn sie in der Rückenlage verweilen sollen. Wenn ein neues Bewegungsmuster gerade erlernt wird, gibt es für das Kind nichts Wichtigeres, als dies zu üben. Wenn das Drehen auf den Bauch und zurück im Vordergrund steht, ist es beruhigend für Eltern zu wissen, dass es besser für ihre Beziehung zum Kind ist, das Windelwechseln in der Bauch- oder Seitenlage zu erlernen, als vom Kind zu erwarten, dass es sein Bewegungsbedürfnis unterdrückt, weil es dies noch nicht kann. Viele Eltern bieten dann ihrem Kind etwas Besonderes an, um es von der Bewegung abzulenken,

Austausch der Eltern im Kurs zum Thema Wickeln

Ursula:
»Seit ein paar Tagen kommt Felix sofort zu mir gekrabbelt, wenn er gekackt hat, und macht deutlich, dass es ihm unangenehm ist. Dann wechseln wir die Windel und schwups ist er wieder unterwegs.«

Maria:
»Bei Lisa ist das nicht so einfach. Sie schimpft schon, wenn ich sie zum Wickeltisch trage, und wir geraten immer schneller in eine Art Kampf. Dann tritt sie mit den Beinen nach mir und ich werde wütend. Ätzend, dieses Gefühl, ich weiß da nicht weiter. Manchmal denke ich, sie macht das extra. Jetzt haben wir schon so oft gewickelt, sie müsste doch wissen was kommt!«

Laura:
»Das kenne ich auch. Ich hab mich entschieden, nicht mehr auf dem Wickeltisch zu wickeln, das wurde echt gefährlich, weil er sich immer gedreht hat und dauernd in Bewegung war. Einmal ist er mir fast runtergefallen, ich konnte ihn grad noch erwischen. Das hat ihn und mich echt erschreckt! Jetzt brauchen wir extralang, weil er ein Spiel daraus macht und immer wieder abhauen will. Manchmal mach ich mit, und es ist nett, aber immer hab ich die Zeit ja nicht. Dann ist es anstrengend, ihn gegen seinen Willen zu wickeln.«

Julia:
»Meine steht ja noch nicht, aber im Vierfüßlerstand versuche ich es manchmal, und wenn ich sie dazu auffordere, mir zu helfen, mit Popo hoch und Beinchen aufstellen und so, dann macht es miteinander wieder Spaß.«

Ulrike:
»Jonas bewegt sich auch so viel. Mir ist, als wäre es eine Qual für ihn, sich hinzulegen und das machen zu lassen. Er steht dauernd auf. Ich bräuchte da auch einen Rat. Manchmal tritt er nach mir und da muss ich richtig aufpassen, dass er mir nicht wehtut.«

Paul:
»Meine Frau hat angefangen, Mara im Stehen zu wickeln. Das klappt bei ihr ganz gut, aber das Geschlabbere der Kleider macht mich ganz fuchsig. Besonders, wenn es klebt, hab ich Sorge, alles zu verschmieren, und dann müsste ich Mara neu anziehen. Das will ich auch gern vermeiden.«

zum Beispiel eine Cremedose oder ein Spielzeug. Dies ist natürlich manchmal ein Weg, der funktioniert und der den Bewegungsdrang für eine kurze Weile unterdrücken kann. Wenn wir die Pflege als eine Möglichkeit für das Baby sehen, den eigenen Körper immer besser kennenzulernen und ihn zu »bewohnen«, ist die Kommunikation dabei sehr hilfreich. Das betont auch der englische Kinderarzt und Psychoanalytiker Donald Woods Winnicott, der auch davon spricht, dass die Art der erlebten Berührung dem Kind hilft seine Haut als Grenze, die das Ich vom Nicht-Ich unterscheidet, zu spüren. Ablenkung in der Pflege unterbricht leicht die Gelegenheit des beziehungsvollen Miteinanders. Beim Wickeln können Eltern gut üben, ihrem Kind genau das zu erzählen, was gerade geschieht und es damit einbeziehen. Diese ungewohnte Art, das, was wir tun, beschreibend auszusprechen, hilft beiden im Kontakt zu bleiben. Wenn dem Kind der Ablauf zu lange dauert und es seine Aufmerksamkeit etwas anderem zuwendet, können Sie, wenn genug Zeit ist, eine Pause machen und abwarten, bis das Kind wieder mitmachen kann oder in liebevolle Führung gehen: »Nun will ich fertig werden, ich ziehe dir den Pulli an. Reichst du mir deinen Arm?«

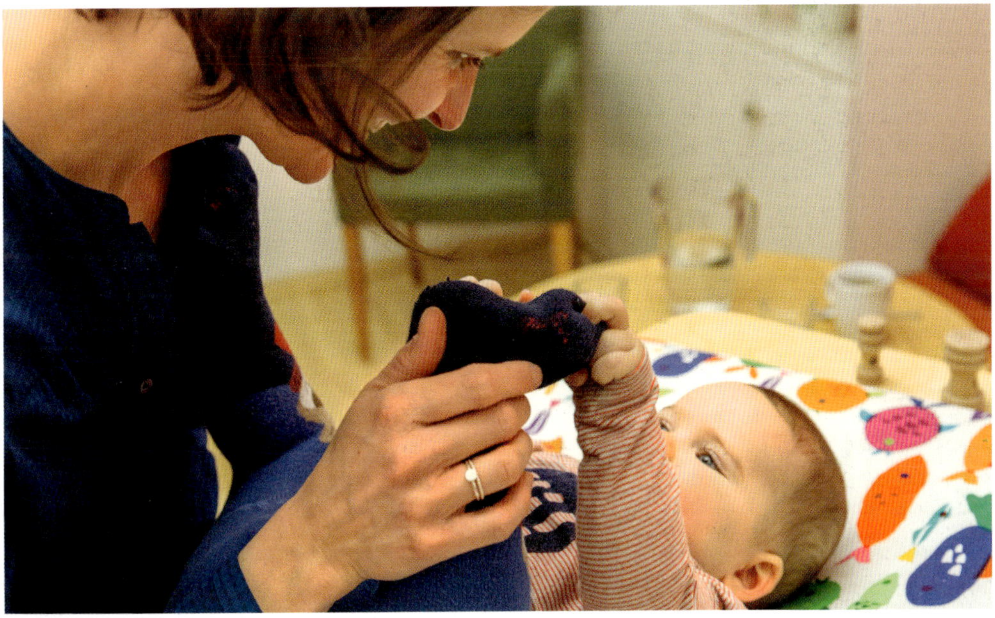

Wenn Ihr Kind nicht stillhalten kann

Entwickelt das Kind gerade das Krabbeln und kommt schon fast zum selbstständigen Sitzen, wird es aus der »Maikäferhaltung« auf dem Rücken versuchen auszubrechen. Das ist in diesem Entwicklungsschritt die Position, die das Autonomiebestreben des Kindes am stärksten einschränk. Wenn es dann schon frustriert ist und in Ihr vielleicht bereits verzweifeltes Gesicht blickt, dann kann die Situation eskalieren. Denn: Nein, es hat durch die unzähligen Male des bisherigen Wickelns nicht gelernt stillzuhalten. Es hat jedes Mal mit Ihnen eine mehr oder weniger schöne Erfahrung gemacht und kennt die Abläufe. Wickeln ist keine Gelegenheit, Ihr Kind zum »Folgen« oder zum »Aushalten« zu erziehen. Es ist eine Möglichkeit, zu kommunizieren und zu kooperieren. Und gerade an anstrengenden Aufgaben wie diesen zeigt sich, wie wichtig und schwierig Ihr Job als Eltern ist.

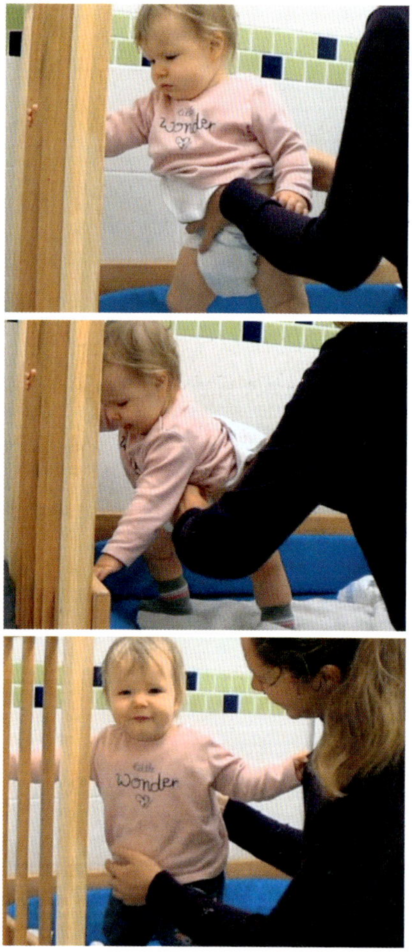

Beim Wickeln eines ein- bis dreijährigen Kindes, können Sie seinen Impulsen folgen um es nicht übermäßig einzuengen. Das fordert manchmal das Einüben des Wickelns in der Bauchlage, im Vierfüßlerstand oder im Stehen. Sobald Eltern die Idee, das Kind »manipuliere sie«, losgelassen haben, gelingt es meistens auch wieder gut und kann ein freudiges Miteinander werden. Es braucht dazu von Ihnen eine klare Kommunikation: »Ich hole dich jetzt gleich zum Wickeln. Ja, ich sehe, du bist beschäftigt. Ich warte einen Moment, bis du zu Ende gebaut hast oder eine Pause machen kannst. So, jetzt hole ich dich. Hier an dem Geländer oder am Stuhlbein kannst du dich festhalten. Jetzt ziehe ich dir die Hose herunter – kannst du den Fuß herausheben? Danke.

Und jetzt den anderen, ja, so ist es gut. Ah, du fängst schon an, den Body aufzuknüpfen. Warte, ich mach ihn über deiner Schulter zu, so kann ich besser sehen und er fällt nicht wieder auf deinen Po. So, jetzt wische ich dich ab – kannst du das Bein anheben? Danke. Wenn du dich umdrehen willst, kannst du das tun. Nun ziehe ich dich wieder an. Mit welchem Fuß soll ich anfangen, mit dem hier? Ah du streckst ihn mir schon entgegen...«.

Das Ganze gelingt am besten in einer sicheren, vorbereiteten Umgebung. Entweder haben Sie einen Wickelplatz mit einem begrenzenden Gitter, an dem sich das Kind gut festhalten kann und das Ihnen gestattet, selbst rückenschonend im Stehen zu arbeiten. Oder Sie gehen ins Bad, wo es warm ist und Wasser in Reichweite. Hier ist es gut, einen Platz zu wählen, an dem Ihr Kind keine freie Fläche hat, um auszubüchsen, und Sie vor ihm den Ausgang zur Tür begrenzen. So können Sie sich beide gut auf das einstellen, was zu tun ist. Nur in den wenigen stark bewegungsaktiven Zeiten oder wenn die Windel übergelaufen ist, kann es zusätzlich hilfreich sein, den Popo kurz unter den Wasserhahn zu bringen oder abzuduschen. Danach ist das Grobe weg und Sie können in Ruhe fortfahren.

Wie sich Respekt anfühlt

Wenn wir über Werte sprechen, die Eltern ihrem Kind gern vermitteln wollen, stehen Respekt und Freundlichkeit sehr häufig an vorderster Stelle. Wie lehren Eltern Respekt? Die Fähigkeit, andere Personen oder die Umwelt zu respektieren, lernen Babys von Anfang an von Ihnen. Das Schöne daran ist, dass Sie es ihnen gar nicht »anerziehen« müssen. Es ist Ihr Vorbild, das diese Werte vermittelt. Respekt lernt Ihr Baby zum Beispiel, wenn Sie vor Beginn der Körperpflege prüfen, ob Sie beide dafür bereit sind.

Wenn Sie Ihr Baby, bevor sie es hochnehmen, ansprechen und sagen, was Sie vorhaben, und es unterbricht sein Tun und will zu Ihnen, dann ist es bereit dazu. Wenn es noch vertieft ist in seine »Arbeit«, braucht es manchmal ein wenig Zeit, in der Sie abwarten und es betrachten, ohne es zu bedrängen. Sobald es dann eine

Pause macht, ist der Moment da, um den Kontakt herzustellen und es zum Baden, Wickeln, Anziehen oder Essen zu bringen. In den wirklich anstrengenden ersten Monaten mit dem Baby ist es bei den vielen neuen Aufgaben und der normalen Müdigkeit in dieser Zeit manchmal schwer, achtsam zu sein und die Perspektive des Kindes mit zu beachten. Das Baby wird erschrecken und vielleicht empört sein, wenn es unvermutet und unvorbereitet eventuell sogar von hinten aufgenommen oder umgedreht wird. Ist das Kind noch vertieft, nutzen Sie doch die Zeit des Abwartens um selbst eine kleine Pause zu machen.

FenKid-Tipp: Zumiko

Zumikos sind kleine Übungen, in denen Sie für einen Moment zu sich selbst zu Besuch kommen. Gönnen Sie sich einen Augenblick, in dem Sie fühlen, in welchem Zustand Ihre Hände gerade sind. Warm und weich oder kalt und angespannt, vielleicht müde? Geben Sie sich selbst eine schöne Handmassage, indem Sie auf die Suche nach weichen Gewebepolstern an Fingern und Handflächen gehen und diese leicht hin- und herschwingen und dann die einzelnen Gelenke ertasten und sanft bewegen. So werden Ihre Hände weich, einladend und gebend sein, wenn Sie Ihr Baby berühren. Mehr Zumikos finden Sie ab Seite 189.

Sich im richtigen Moment an ein Zumiko zu erinnern, ist eine Frage der Übung. Es kostet manchmal Überwindung, weil es Sie zu einer Pause zwingt. Aber genau die könnte allen guttun. Sich für das, was Ihr Kind fühlen wird und lernen kann, bereit zu machen, ist eine wichtigere Aufgabe, als mit dem Wickeln oder einer anderen Tätigkeit schnell fertig zu werden. Manchmal werden Sie müde sein oder Ihre Gedanken woanders, und Sie beide funken gerade nicht auf der gleichen Welle. Sie sind es, die Sender und Empfänger wieder zusammenbringen können, auch wenn das Leben mit dem Kind manchmal der Auslöser für Übermüdung oder Gereiztheit ist.

Ihr Baby wird dabei an Ihrem Vorbild lernen, wie so etwas geht. So erfährt es, wie Sie Pausen machen, und dass dies in Ihrer Familie erlaubt ist, dass Pausen als wertvoll angesehen werden. Und es lernt, wie Sie kommunizieren, wenn es schnell gehen muss. So lernt es langsam, die eigenen Gefühle und die von Vater und Mutter zu verstehen und einzuschätzen. Auch die Eltern entwickeln und verfeinern in dieser Zeit vielfältige Qualitäten wie Flexibilität, Organisationstalent, Empathie, aus denen sie ihr weiteres Leben und auch im weiteren Berufsleben schöpfen können.

Singen

Für fast alle Babys und Kinder beginnt die große Entspannung, wenn sie die Singstimme von Mutter oder Vater hören. Dabei ist es ziemlich egal, ob Sie eine ausgebildete Stimme haben oder ein wenig vor sich hin brummen. Denn die Singstimme erreicht den ältesten Bereich unseres Gehirns, und das Baby erfährt damit Signale der Sicherheit. Wenn weder Wiegen noch Sprechen besänftigen kann, gelingt es meist mit einem einlullenden Singsang, das Kind in die Ruhe zu begleiten.

Singen baut Stress ab, senkt den Kortisolspiegel und sorgt auch durch die tiefe Atmung für Entspannung. Es erhöht die Ausschüttung des »Liebes- und Bindungshormons« Oxytocin und hemmt die Ausschüttung des »Aggressionshormons« Testosteron. Einfache, ruhige Melodien wecken körpereigene Endorphine wie Melatonin und machen mit der Zeit müde. Das Singen aktivierender Melodien macht hingegen wach und gibt die Möglichkeit, Dampf abzulassen. Kinder fast jeden Alters lieben gemeinsamen Gesang und bewegtes, lebhaftes Spielen. Sie können davon oft nicht genug bekommen, noch mal und noch mal wollen sie das Gleiche wiederholen. Sie baden dabei regelrecht in Glücksgefühlen!

FenKid-Tipp: Krabbellied

Hier ein Krabbellied, das Sie von Anfang an als kleines Ritual beim Wickeln oder zum Schlafengehen singen könnten. Mit dem für Ihr Baby stimmigen Druck der Finger wandern Sie bis zum »Berg« von den Füßen bis zu den Schultern oder dem Kopf hinauf, und rutschen dann mit der ganzen Handfläche in sanftem Streichen zu den Füßen wieder herunter.

»Ein ganz kleiner Zwerg, klettert auf einen Berg,
rutsch dann froh und munter, den Berg auch wieder runter.«

Die Melodie ist ansteigend und ab »rutscht« absteigend, sodass sich der Bogen der Melodie schließt. Allein das wirkt sehr beruhigend.

Sind die Babys anfangs noch durch sanfte Berührung und Melodien zu erfreuen, laden nach und nach die Gestenlieder zum gemeinsamen Gesang ein. Anfangs können es immer die gleichen Lieder und Gesten sein, denn Wiedererkennen sorgt für gute Stimmung und erleichtert es die Gesten nachzuahmen. Mit zunehmender Sprachentwicklung fangen die Kinder oft selbst aktiv zu singen an und beginnen sogar schon auf ihre Art zu tanzen. Manche üben dabei zunächst die Melodie mit eigenen Fantasieworten andere sind sehr bemüht die richtigen Worte mitzusingen und die genauen Reihenfolgen einzuhalten.

Singen bringt oft so viel gemeinsame Freude, bis meist der Blick auf die Uhr oder drängende Aufgaben den Erwachsenen entscheiden lässt, dass es jetzt genug ist. Dies kommt für das Kind oft sehr unvermittelt, weil es das nicht sofort umsetzen kann oder will. Dieser Entscheidung folgt dann das Betteln und Zerren, und manchmal wird aus dem gerade erlebten Genuss das Gegenteil davon: Tränen, Frust. Bei größeren Kindern sagen die Eltern Sätze wie: »Du kriegst nie genug, irgendwann muss doch Schluss sein!«.

Indem Sie darauf achten, Ihr Kind aus fröhlichem Tanz oder aus einem wilden Spiel aus der Aufregung in einem Erregungsbogen wieder zur Ruhe zu geleiten, führen Sie das gemeinsame Spiel zu einem guten Ende für alle. Sie könnten zum Beispiel dann, wenn Sie allmählich Schluss machen wollen, ein Bewegungslied singen oder zusammen tanzen und dabei ruhiger werden. Bei einem etwas älte-

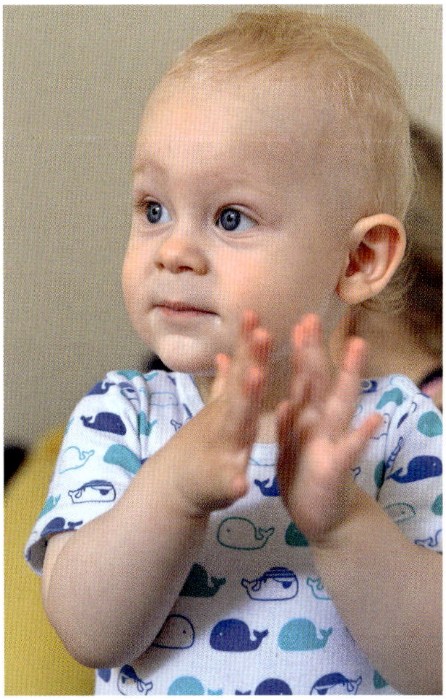

ren Kind hilft eine vorbereitende Ankündigung: »Jetzt wird es mir zu viel, wie viel Mal willst du noch das Elefantenlied singen oder das wilde Kuckuck-Spiel mit mir spielen?« Oder Sie könnten sich im freudigen Kampf ergeben und deutlich machen, dass es für Sie vorbei ist und Sie nun gemeinsam noch ein wenig ausruhen oder kuscheln, bevor es wieder zurück in den Alltag geht.

Gemeinsames Singen verbindet die Herzen von Groß und Klein. Aber auch für sich allein zu singen, bringt Entlastung in stressigen Situationen. Zum Beispiel hilft es beim Autofahren, wenn die Geschwister auf der Rückbank streiten, Vater oder Mutter durch Singen ruhig zu bleiben, gut zu atmen und den Stress wegzutönen. Zusätzlich beruhigen sich dadurch auch oft die Kinder.

Das Wohlgefühl beim Essen und Trinken

Wenn Sie und Ihr Baby sich mit dem Stillen wohlfühlen, ist das sicherlich der beste und gesündeste Weg für Sie beide. Dazu haben Sie sich bestimmt schon früh mit Ihrem Partner, der Hebamme und weiteren Frauen aus dem Freundeskreis oder der Gruppe der Geburtsvorbereitung besprochen und gut informiert. Egal wie lange oder kurz Sie Ihr Baby stillen werden, es lohnt sich auf jeden Fall für beide. Muttermilch ist jeder Zeit die natürliche und am besten an die Bedürfnisse des Babys angepasste Nahrung. Und auch für die Brust der Frau ist Stillen gesund. Wenn dann das Baby in Ihrem Arm liegt und das erste Anlegen gut geklappt hat, ist der Weg zu Ihrer gemeinsamen Stillgeschichte bereitet.

FenKid-Tipp: Stillen in der Klinik

Wenn Sie zum Gebären in die Klinik gehen, ist es für einen entspannten Stillstart günstig, wenn Sie Ihr Baby bei sich im Zimmer und so nah wie möglich bei sich behalten. Vertrauen Sie darauf, dass sich Ihr Schlaf- und Stillrhythmus während des Rooming-in im Klinikzimmer und dann zu Hause ganz selbstverständlich einspielen werden. In einigen Geburtskliniken gibt es mittlerweile speziell ausgebildete Still- und Laktationsberaterinnen (IBCLC), besonders in den von WHO und UNICEF als babyfreundlich ausgewiesenen Krankenhäusern stehen sie Ihnen zur Seite, und Sie können bei Bedarf um Rat und Unterstützung bitten.

Manchmal beginnt leider schon gleich nach der Geburt ein Umweg, weil die Klinikroutine das Bonding unterbricht oder den Stillstart behindert. Besprechen Sie daher Ihre Wünsche und Vorstellungen auch mit den dortigen Hebammen und Kinderkrankenschwestern, damit Sie sicher sein können wie in diesem Haus der Stillstart gefördert wird und Sie nicht das Gefühl bekommen, dass über Sie hinwegentschieden wird. Der heute übliche Personalmangel bei Hebammen und Pflegerinnen in manchen Kliniken Deutschlands bewirkt in Spitzenzeiten eine nicht immer achtsame Versorgung, so gern die Hebammen diese auch leisten wollen. Wenn also Ihr Stillstart in der Klinik nicht gleich gelingt, holen Sie sich eine erfahrene Hebamme oder Stillberaterin bereits in die Klinik oder dann nach Hause zur Begleitung. Sie können sich im Internet informieren, wer in Ihrer Nähe erreichbar ist.

Früher war es anders

Alle Studien der neueren medizinischen Forschungen ermutigen zum Stillen. Das war nicht in allen Generationen so. Oft wurde eine natürliche Ernährung durch gesellschaftliche oder wirtschaftliche Interessen verhindert und die gesunde Muttermilch als »zu hoch belastet« schlecht gemacht. Gleichzeitig wurde die Pulver- und Gläschen-Ersatznahrung eingeführt und propagiert. Erkundigen Sie sich, wenn es noch möglich ist, bei Ihrer Mutter, wie zu Ihrer Säuglingszeit die Ratschläge der Mediziner waren, und lassen Sie sich Ihre Stillgeschichte erzählen und natürlich auch die Ihres Partners. Denn diese Erfahrungen helfen Ihnen sicherlich, in Ihr eigenes Erleben als Mutter oder Vater zu kommen. Oft gibt es Mythen, die in den Familien weitergegeben wurden und leider noch werden.

Zum Beispiel erzählen ältere Frauen oft: »Meine Brüste waren zu klein (oder zu groß), das ging nicht mit dem Stillen. Das geht in unserer Familie nicht. Müh dich nicht ab.« Oder Sie hören Dinge wie: »Meine Milch war zu dünn, das Baby wurde einfach nicht satt« oder auch: »Mein Baby hatte immer Blähungen, wenn ich etwas Falsches gegessen hatte.« Darauf sei kurz geantwortet, dass die Brustgröße nichts mit der Milchmenge zu tun hat, weil die Milch im Brustdrüsengewebe gebildet wird, das in großen und kleinen Brüsten ausreichend vorhanden ist. Die Milchmenge hängt von der Häufigkeit des Anlegens ab. Die Dauer der Stillmahlzeit hat Einfluss darauf, ob genügend sättigende Muttermilch, die das Baby erst nach der anfänglichen »Durstlöschmilch« bei einer Stillmahlzeit bekommt, aufgenommen wird. Das Baby war bereits im Mutterleib mit der Ernährung der Mutter vertraut, ihm bekommt meist das Gleiche, was der Mutter bekommt.

Auf das eigene Gefühl achten

Prüfen Sie also selbst, ob das Stillen für Sie und Ihr Baby eine genussvolle Zeit ist. Solange Sie zufrieden stillen, sorgt der Anstieg an Wohlfühlhormonen bei Mutter und Baby für einen innigen Kontakt, und dies wirkt auf allen Ebenen nährend und gesundheitlich stärkend, nicht nur für das Baby, sondern auch für Ihre körperliche und seelische Gesundheit. Wenn Sie Schmerzen haben oder das Kind nicht in dem üblichen Rahmen zunimmt, dann ist angeraten, sich Ihren persönlichen Stillablauf näher anzuschauen und sich Tipps zu holen, die oftmals ein vorzeitiges Abstillen verhindern können. Abstillen und/oder Säuglingsersatznahrung sollten erst in Erwägung gezogen werden, wenn Sie dem als Mutter von Herzen zustimmen können (und dafür gibt es individuelle oder medizinische Gründe) oder wenn das Kind sich selbst allmählich abstillt.

FenKid-Tipp: Früh genug stillen

Bevor der Hunger wirklich riesig ist, zeigen Babys bereits mit unterschiedlichen Anzeichen, dass sie hungrig sind – zum Beispiel mit Suchbewegungen mit dem Mund, wenn sie noch sehr jung sind, indem sie an der Hand nuckeln oder unzufriedene Laute von sich geben oder in ihren Bewegungen von Armen und Beinen hektisch werden. Wenn Sie Ihr Baby stillen, bevor es bereits sehr aufgeregt ist und bevor es weint, kann es sofort entspannt und ausreichend an der Brust trinken.

Spätestens dann, wenn sich in Ihnen beim Stillen eine unruhige, genervte und ablehnende Stimmung einstellt, ist es wertvoll, sich mit dem eigentlichen Bedürfnis hinter diesen Gefühlen zu beschäftigen. In solch einer angespannten Stimmung fragen sich manche Frauen zum Beispiel: »Wann gehört mein Busen wieder mir?« und spüren dabei eine Art Machtkampf mit ihrem Kind. Andere fragen: »Halte ich mein Kind in Abhängigkeit, wenn ich so lange stille?« Oder: »Ich brauche ein babyfreies Wochenende und bin nicht sicher, ob unser Kind das Fläschchen akzeptiert.« Für wieder andere sind damit auch unruhige Nächte verbunden: »Ich möchte endlich wieder mal durchschlafen und nachts nicht mehr stillen.« Oder die Wünsche des Partners beschäftigen die Frau: »Mein Mann möchte auch mehr Nähe zum Kind und meint, ich solle langsam aufhören zu stillen. Dann könnte auch er das Essen geben.« Sich diese Fragen selbst zu beantworten, ist meist schwierig. Oft braucht es Zeit für ein klärendes Gespräch mit einer Stillberaterin oder den Austausch in einer empathischen Müttergruppe, die auf »Nur so ist es richtig«-Ratschläge verzichten kann.

Auch bei einem frühen Eintritt in das Krippenleben kann weiter gestillt werden. Die Qualität einer Krippe zeigt sich auch darin, wie das Stillen und Füttern für die Familie begleitet wird. Als berufstätige Mutter haben Sie ein Recht auf Stillpausen. Wenn Ihr Arbeitgeber sowie das Team der Krippe das weitere Stillen unterstützt, haben Sie sicherlich eine Sorge weniger beim Wiedereinstieg ins Berufsleben. Wie immer Sie sich wohlfühlen, lassen Sie nicht zu, dass Ihnen jemand diese wertvolle Zeit madig macht. Lassen Sie Bemerkungen wie: »Wie lange willst du den Kleinen noch von der richtigen Nahrung fernhalten?« wie Regentropfen an einer Scheibe abperlen.

Stillen und auch das manchmal argwöhnisch betrachtete Langzeitstillen bleibt für Ihr Baby eine Möglichkeit, sich gesund zu ernähren, dabei zur Ruhe zu kommen, sich glücklich zu fühlen und sich nach großen Abenteuern oder schmerzlichen Erfahrungen wieder auszubalancieren. Wenn Ihr Kind dann reif genug ist, sich aus sich heraus zu regulieren, wird es das deutlich zeigen. Laut Weltgesundheitsorganisation WHO liegt das Durchschnittsalter des Abstillens weltweit zwischen vier und fünf Jahren – deutschlandweit bei 6,9 Monaten.

Manchmal ist die Entscheidung darüber, ob das Kind schnell und einfach mit der Brust beruhigt werden sollte oder ob es etwas anderes braucht, nicht einfach zu treffen. Die Brust kann zum gleichen Zweck wie der Schnuller genutzt werden, nämlich um das Kind zu besänftigen. Natürlich kann dies in sehr anstrengenden Situationen das Mittel der Wahl sein. Aber als grundsätzliches Verhaltensmuster die Brust anzubieten, obwohl das Kind von sich aus nicht danach sucht, lenkt von seinem eigentlichen Bedürfnis ab.

Wenn das Baby eigentlich satt, aber dennoch unruhig ist und von Ihnen immer wieder das Angebot der Brust bekommt, wird es vielleicht auch mal zwicken oder zubeißen. Das könnte bedeuten: »Ich brauche etwas anderes, bitte verschließe mir nicht den Mund mit Süßem, wenn ich sauer oder frustriert bin.« Zwicken oder Beißen an der Brust kann jedoch auch mit jedem neuen Zahn einhergehen, denn damit verändert sich das Gefühl im Mund und die Art, die Brustwarze in den Mund zu nehmen, muss neu gefunden werden. Auch durch die Einführung der Beikost kann es sein, dass das Baby durch eine andere Mundmotorik plötzlich anders trinkt und zu beißen beginnt.

FenKid-Tipp: Das Zubeißen beim Stillen

Wenn das Baby Sie unbeabsichtigt gebissen hat, Sie vor Schmerz aufgeschreckt sind und es von der Brust weggenommen haben, kann es sein, dass es seine Wirkung bemerkt und dies noch mehrmals überprüfen wird. Hier hilft es, mit dem Baby zu reden: »Nein, das tut mir weh. Hier kannst du beißen (zum Beispiel den Beißring zeigen,) an meiner Brust sollst du saugen.« Wenn Sie es, sobald es beißt, beständig von der Brust wegnehmen und in nicht übertriebener Mimik und Sprache deutlich machen, dass es Ihnen wehtut, lernt das Kind.

Während einer Phase mit einem neuen Zahn kann es nötig sein, Ihr Kleinkind beim Saugen an der Brust gut zu beobachten: Sobald Sie keine Schluckbewegungen mehr wahrnehmen, können Sie den Kindermund mit Ihrem kleinen Finger von der Brust lösen, bevor es zum Beißen kommt. Das Baby kann nicht gleichzeitig schlucken und beißen. Nach einiger Zeit wird das neue Gefühl im Mund vertraut sein, und die Stillmahlzeit kann wieder entspannt von Ihnen beiden genossen werden.

Mit Fläschchen zum Wohlgefühl

Vielleicht gehen Sie irgendwann zum Fläschchen über, oder Sie haben es von Anfang an benutzt. Was Ihr Kind beim Fläschchen trinken emotional auftanken lässt, sind in jedem Fall die feinfühlige Zuwendung über den Hautkontakt, der liebevolle Blick in seine Augen, die freundliche Ansprache und die ungestörte Zeit mit Ihnen. Dies wird in Ihrem Baby körperliches Wohlbefinden mit all seinen guten Wirkungen auf das Nervensystem und das Bindungsverhalten auslösen. Genießen Sie oder Ihr Partner beim Fläschchen geben die Zeit des Zusammenseins und des liebevollen Kontaktes, indem Sie es sich richtig gemütlich machen, einen warmen und wohligen Platz wählen und dabei ungestört sein können. Lassen Sie das Baby nicht allein mit der Flasche, selbst wenn es sie schon selbst halten kann. Ihr Baby müsste sonst deutlicher zeigen, dass es mit Ihnen noch eine zusätzliche Portion Kuschelzeit braucht, um auf allen Ebenen gesättigt zu sein.

Lustvoll essen lernen

Wenn Ihr Baby oder Kleinkind Lust zum Essen bekommt, wird es Ihnen schon viele Wochen vorher bei Ihren Mahlzeiten zugeschaut haben. Dabei ist Ihrem Kind manchmal das Wasser im Mund zusammengelaufen, es hat Lust auf Essen bekommen und hat sicher auch schon nach Ihrem Löffel oder Ihrer Gabel gegriffen. Anfangs ist vielleicht eher Ihre Handbewegung mit dem Löffel oder der Löffel an sich interessant und nicht primär das Essen, das Sie zu sich nehmen. Wenn Ihr Kind deutlich Ihrem Essen (jedem Löffel) hinterherschaut und zeigt, dass es probieren möchte, können Sie ab dem fünften Monat anfangen, ihm Beikost zu geben. Vielleicht hat es bereits ab und zu von Ihnen ein Stückchen Brotkante oder weiche Karotte zum Probieren bekommen, die es sogleich in den Mund genommen und darauf herumgekaut hat. Dennoch wird noch lange, meist im ganzen ersten Lebensjahr, Milch die Hauptnahrungsquelle für das Baby bleiben. Beikost ist in der ersten Zeit tatsächlich nur »Bei Kost«.

EINE KLEINE GESCHICHTE

Stellen Sie sich einmal vor, Sie gehen mit Gulliver auf Reisen in das Land der Riesen. Sie werden zu einem Festmahl eingeladen, und Sie haben auch wirklich Hunger. Die Riesen haben eine große Tafel beladen mit enormen Töpfen und Schalen. Vor Ihnen steht eine Schüssel und ein Becher, Gläser gibt es nicht, ein Löffel liegt in der Nähe. Alles, was Sie an Speisen sehen, ist Ihnen unbekannt. Sie erkennen Farbiges, Stückchen, Breiiges. Manches hat einen starken Geruch, anderes nicht.

Alle schauen erwartungsvoll, dass Sie zu Essen beginnen. Nach einer Weile setzt sich Ihr Reiseführer (Speiseführer) neben Sie und schaut Sie freundlich an. Sie deuten mit dem Finger auf eine Schüssel. Er nimmt einen großen Löffel Brei und füllt ihn in Ihre Schale. Dann wartet er ab. Sie fühlen sich freundlich behandelt, nehmen daher Ihren Finger und betasten den Brei. Da wird der Reiseführer sichtlich ärgerlich und nimmt Ihre Hand aus der Schale und macht Ihre Finger mit einem Tuch sauber. Nun taucht er den Löffel in den Brei und führt ihn an Ihren Mund. Da Sie den Mund nicht gleich aufmachen, tupft er mit dem Löffel ein wenig gegen Ihre Lippen und schaut Sie wieder auffordernd an. Ihre Zunge geht ein wenig an die Lippen und kostet den Brei. Sie sind noch nicht entschieden, ob das nun gut schmeckt.

Beim nächsten Versuch mit dem vollen Löffel öffnen Sie Ihren Mund ein bisschen und der Reiseführer schiebt ihn tief hinein. Welch ein Gefühl! Brei und kleine Stückchen füllen Ihren Mund, und der Geschmack ist unklar, etwas süß. Überrascht bewegen Sie Ihre Zunge nach vorn und schieben dabei einiges von dem Brei aus dem Mund heraus. Sofort nimmt der Reiseführer ein Tuch und reibt damit über Ihren Mund. Ihre Lust zu essen lässt nun deutlich nach. Sie verziehen Ihr Gesicht und zeigen deutlich, dass Ihnen unbehaglich ist. Der Reiseleiter nimmt daher einige Stückchen von einer Platte, und legt sie vor Sie hin. Mit einer einladenden Geste zeigt er auf Ihre Hände und Sie fassen wieder mit den Fingern nach den kleinen Stückchen. Diesmal schaut er freundlich, und so nehmen Sie ein Stück in die Hand und führen es langsam zu den Lippen. Sie betasten es mit Lippen und Zunge und versuchen dann abzubeißen. Hm, das schmeckt endlich gut und Sie wollen mehr davon …

Wie in der Geschichte entscheidet sich an Ihrer Vorgehensweise, wie Ihr Kind mit allen Sinnen das Essen entdecken und ob es mit den Fingern tasten darf. Die Fingerkuppen, die Lippe und die Zunge sind in diesem Alter ausgesprochen sensibel und lernbereit. Vielleicht füttern Sie Ihr Kind auf dem Schoß und starten mit dem Essen, wie es im Pikler-Institut beginnt: Die Kleinen bekommen einen zunächst verdünnten Brei im Glas (sodass sie ihn sehen können) zu trinken. Nach einer Weile kommt der Löffel ins Spiel und der Brei wird fester. Babys, die Brei nicht mögen, starten gerne mit vorgekochten Stückchen, die sie selbst greifen können.

Wann ist das Baby bereit für Beikost?

Der Zeitpunkt, wann ein Baby Interesse an Beikost oder Ihrem Essen zeigt, variiert von Kind zu Kind genauso wie alle anderen Schritte – in der Bewegungsentwicklung, der Sprachentwicklung und anderen Bereichen. Um mit festerer Kost im Mund umgehen zu können, braucht es eine gewisse Reife der Mundmotorik. Erst damit kann das Baby lernen, das Essen immer geschickter mit der Zunge im Mund hin und her zu schieben. Beim Saugen an Brust oder Flasche trainiert es bereits die Motorik, die es später zum Kauen braucht.

Die offiziellen Empfehlungen, wann und was dem Baby als Beikost angeboten werden kann, ändern sich immer wieder. Heutzutage wird bei der Empfehlung, zu Anfang des fünften Monats mit Beikost zu beginnen, berücksichtigt, dass es günstig ist dies noch mit Stillen zu begleiten. Denn Babys, die rund um die Beikost zusätzlich noch angelegt werden, können durch die Enzyme der Muttermilch die neue Kost wesentlich besser verwerten und vertragen. Das heißt umgekehrt, dass Sie, wenn Sie stillen und Ihr Kind gut gedeiht und kein Interesse an anderem Essen zeigt, ruhig abwarten können. Manche Babys werden sechs bis zehn Monate oder noch länger voll gestillt und gedeihen prächtig. Als Mutter sollten Sie dabei gut auf sich achten und sich ausreichend und gehaltvoll ernähren. Auch Muttermilchersatznahrung ist so nahrhaft, dass Sie auf die Zeichen Ihres Kindes warten können, um mit der Beikost zu beginnen.

Wie gelingt der Übergang?

Heute finden Eltern verschiedene Empfehlungen vor wie sie ihr Kind an die Beikost heranführen können. Manche Babys genießen den weichen Brei, den sie gut schlucken können und den sie anfangs mit dem Löffel gereicht bekommen. Andere Babys machen früh deutlich, dass sie an fester Nahrung interessiert sind und Stückchen gut zerkleinern können. Das entspricht dem neuen Ernährungstrend Baby-led Weaning (babygeleitete Beikosteinführung), bei der Kinder ab dem Beikostalter feste Nahrung angeboten bekommen, auf die sie selbstständig zugreifen können. Es ist bei den täglichen Mahlzeiten empfehlenswert, dem zu folgen, was Ihr Kind Ihnen signalisiert und wodurch es Essen begreifen lernt – wieder mit einfühlsamer Kommunikation und in einer Stimmung, in der es Gelassenheit erlebt und somit gesund entdecken und verdauen kann. Dazu gehört, dass Sie auf alle Tricks, das Essen in den Mund Ihres Kindes zu bekommen, verzichten. Das betrifft auch all die »lustigen« Ideen wie »Brumm, brumm, hier kommt das Auto« oder »Ein Löffel für Oma, einer für Onkel Tobias« und so weiter. Lassen Sie sich von dem Interesse Ihres Kindes führen. Vielleicht stellt sich heraus, dass es eine Geschmacksrichtung bevorzugt oder lieber Weiches oder Stückchen mag, die es schon bald ganz selbstständig essen kann. In anderen Ländern wird Babys durchaus unterschiedliche Nahrung als Beginnerkost angeboten, es gibt nicht das einzig richtige Nahrungsmittel für den Anfang. Den Gebrauch von Gabel und Löffel wird es dann wählen, wenn das Hantieren für das jeweilige Essen nicht mehr nur mit den Fingern, sondern so geschehen soll, wie es das bei Mutter und Vater gesehen hat.

Ihr Kind weiß, wie viel es braucht

Dies ist eine der frühen Kompetenzen, die jedes gesunde Kind mitbringt. Manche wollen ihre Menge an nötigen Kalorien über viele kleine Mahlzeiten am Tag (anfangs auch in der Nacht) verteilt zu sich nehmen, andere sind kräftige Auf-einmal-Esser und brauchen weniger, aber größere Mahlzeiten. Sobald Ihr Kind beim Füttern den Mund nicht mehr öffnet oder den Kopf wegdreht, sollten Sie eine Pause machen. Vielleicht mag es danach doch noch weiteressen und war nur kurz erschöpft oder abgelenkt. Nach der Pause könnten Sie nochmals etwas anbieten, wenn Sie nicht sicher sind. »Du drehst den Kopf zur Seite. Ich bin nicht sicher, magst du noch etwas?« Wenn Ihr Kind nicht darauf reagiert, ist es satt. »Mir scheint, du bist satt.« Es ist manchmal nicht einfach für Eltern, dies zu akzeptieren. Sein Kind versorgen zu können, es zu sättigen, ist eines ihrer elementaren Bedürfnisse. Wenn das Kind nun weniger zu sich nimmt, als es ihnen angemessen erscheint, geraten sie leicht in Sorge.

Vielleicht hilft es Ihnen, sich bewusst zu machen, was Professor Dr. Remo Largo, ein Schweizer Kinderarzt, Autor und Leiter mehrerer Langzeitstudien über Entwicklung (Züricher Langzeitstudie) gesagt hat: Die beste Prävention von Essstörungen im Jugend- und Erwachsenenalter ist die, dass Babys und Kleinkinder entscheiden dürfen, wann sie satt sind und wann sie Hunger haben, ohne Manipulation durch die Erwachsenen, die sie betreuen. In einem Vortrag zu frühen Essstörungen berichtete Prof. Largo von einer Untersuchung, bei der er Mengenangaben verglichen hatte, die unterschiedliche Breikost-Hersteller für die gleiche Altersstufe machten. Die Vorgaben variierten manchmal um das Doppelte! Wenn Eltern sich an solche Empfehlungen der Nahrungsindustrie halten wollen, wird es schwierig. Die einen glauben, ihr Kind würde nicht ausreichend satt, und geraten aus Sorge unter Druck. Diesen geben sie an ihr Kind weiter und dessen Signal, schon satt zu sein, wird übergangen. Und diejenigen Kinder, die mehr essen wollen, als auf der Packung angegeben ist, und ihren Hunger deutlich zeigen, bekommen nicht genug.

Schwierig kann es sein, wenn der Start für Sie und Ihr Kind nicht einfach war, das Baby zu früh geboren wurde oder es ihm nicht gut ging. Dann brauchen Sie Geduld, um Vertrauen in die Kompetenz Ihres Kindes beim Essen zu entwickeln. Doch es ist ein sehr lohnender Weg für Sie beide. Das Kind kann ein Gefühl für sich selbst aufbauen, lernen, wie sich Hunger und Sattsein anfühlen, und vor allem verstehen, dass es in Ordnung ist, satt zu sein, auch wenn der Teller noch nicht leer ist. Ein Kleinkind kann zwar zeigen, dass es genug hatte, aber wenn

Mutter oder Vater insistieren, doch noch mehr zu nehmen, geben viele Kinder auf und essen den Eltern zuliebe mehr als eigentlich gut für sie ist. Von Anfang an ist es wichtig dem Kind auch beim Essen zu vertrauen, was die Menge und den Geschmack betrifft.

Entspannt bleiben

Es wird Sie als Eltern vielleicht sehr herausfordern, einen guten Weg beim Essen zu finden, denn es ist anfangs wirklich eine Entdeckungsreise auf allen Ebenen, die das Essenlernen parat hält. Manchmal wird der Körnerbrei nicht schmecken; dann wieder kann es sein, dass der selbstgekochte Biobrei zu viele Bröckchen enthält oder es dem Kind mit dem Papa plötzlich mehr Spaß macht zu essen als mit der Mama. Haben Sie irgendwann entdeckt, was schmeckt, und einen Rhythmus gefunden, wird das, was bisher galt, schon wieder auf den Kopf gestellt, und das Kind mag lieber die einzelnen Teile als das ganze Brot essen, sprich erst die Auflage und dann das Brot. Oder nur die Wurst? Sie werden sich vielleicht fragen, ob Sie nicht doch wieder mehr Wert auf Erziehung legen und auf gewissen Manieren bestehen sollen. Und das werden Sie dann auch bald wieder verwerfen, weil sich die Stimmung am Tisch dadurch extrem verschlechtern wird. Also beginnt eine neue Entdeckungsreise, vielleicht um herauszufinden, zu welchen Zeiten Ihr Kind gut essen kann, wann es noch nicht zu müde oder zu abenteuerlustig ist. Zuweilen wird wieder die hervordrängende Bewegungsentwicklung dazwischenfunken, und das Kind wird Ihnen zeigen, dass es am besten im Stehen essen kann, oder es wird wieder den Schoß von Mutter oder Vater bevorzugen, um mit der Nahrung auch Nähe zu tanken, wenn der Abend kommt.

FenKid-Tipp: Gemeinsam als Paar essen

Trotz all der ständigen Neuerungen beim Kind wollen viele Paare auch gern mal gemeinsam essen. Dann wäre es ratsam, wenn ein Elternteil ab und zu mit dem Kind allein früher essen würde. Wenn es dann schläft oder auf der nahen Couch liegt und sich ausruht, isst das Paar gemeinsam sein Abendessen und findet Zeit für sich.

»Erziehung« am Esstisch

Wenn es am Tisch unruhig zugeht, ist für die Kinder meist etwas zu viel. Manchmal sind sie einfach schon zu müde oder haben einen unbändigen Forscher- oder Bewegungsdrang, und die Erwachsenen wollen gern die ganze Familie beim Essen beisammen genießen. So sitzen oft sehr viele verschiedene Bedürfnisse mit am Tisch.

PERSPEKTIVWECHSEL

Vater, Mutter und 18 Monate altes Kind sitzen am Esstisch. (Alle Gedanken und Gefühle sind im Folgenden als Teile des Dialogs kursiv dargestellt.)

Mutter: *Ich habe so großen Hunger, hab wieder vergessen, selbst genug zu essen. Jetzt ist Markus endlich da. Hoffentlich gibt uns Linus genug Zeit, um in Ruhe zu essen.*

Vater: *Jetzt bin ich heute rechtzeitig aus dem Büro rausgekommen und dann steh ich 30 Minuten im Stau. Das brauch ich wirklich nicht abends, ich weiß doch, dass Stefanie auf mich wartet. Hab mich auch so auf Linus gefreut und er sich auf mich. Das Heimkommen ist schön. Linus entdeckt so viel. Mal sehen, ob er das Runterwerfen beim Essen heute mal lassen kann. Das war gestern so anstrengend! Der Abend hat nicht so gut geklappt. Wie soll ich ihm das nur beibringen? Ich habe das Gefühl, er macht das mit Absicht.*

Nachdem Linus mehrere kleine Bissen gegessen hat, beginnt er, sich im Kinderstuhl aufzustellen und widmet sich dem Forschungszweig Physik: Er lässt die Kindergabel fallen und guckt erwartungsfroh den Papa an.

Linus: *Hurra, Papa ist da! Alle sitzen gemeinsam am Tisch. Aber warum muss das Essen so lange dauern? Ich hab ja schon genug im Bauch. Mir hat es geschmeckt. Wenn Mama und Papa so gemütlich dasitzen und reden, kann ich noch ein bisschen zuhören und dabei mit der Gabel forschen ... Schwups, unten. Und Papa, holst du sie wieder hoch?*

Vater: *Jetzt geht das wieder los!* »Okay, Linus, ich heb sie dreimal auf, dann hörst du auf, ja?«

Linus: *Papa macht's!*

Er wirft die Gabel erneut runter. Beim vierten Mal sagt der Vater: »So, jetzt ist es gut, Linus, ich hebe sie nicht mehr auf. Ich will noch mit Mama reden.«

Mutter: »Das muss Linus jetzt noch oft machen, hab ich heute im Kurs erfahren. Er macht das nicht, um uns zu ärgern, er forscht, um Gewicht und Geschwindigkeit einschätzen zu lernen. Natürlich nicht bewusst, wie wir lernen, sondern aus sich selbst heraus. Und er macht das gern mit dir. Wenn du keine Lust mehr hast, nimm ihn einfach runter oder auf den Schoß. Durch unsere Gesprächsrunde im FenKid bin ich viel gelassener. Er ist auch schon müde. Schau, er mag es, bei dir zu sitzen und zu kuscheln.«

Vater: »Ja, das könnte stimmen, gestern haben wir uns beide hochgestachelt damit, dass er lernen muss, am Tisch ruhig zu sein. Das geht einfach noch nicht in dem Alter für so lange. Ich würde so gern in Ruhe mit dir essen. Wann meinst du geht das wieder?«

Mutter: »Ich merke, er ist früher hungrig und dann will ich das Essen für ihn etwas rauszögern, damit er mit uns zusammen kräftig essen kann. Aber er ist dann, wenn du spät kommst, so müde und gleichzeitig begeistert, dass du da bist. Soll ich ihm sein Essen früher einfach allein geben, und wir beide essen mit mehr Zeit, wenn er schläft? Könnten wir doch versuchen, ich will gern hören, was du erzählst, und über andere Dinge als ›Kinderkram‹ reden.«

Vater: »Ja, und wie soll das gehen? Der schläft doch nicht einfach, wenn ich komme. Ich bin früher bei meinen Eltern auf der Eckbank eingeschlafen, da konnte ich dabei sein. Da ging es mir gut.«

Mutter: »Dann probieren wir das mal so.«

Linus: *Irgendwie ist es gerade so schön auf Papas Schoß. Die beiden sind so ruhig. Ich bin müde.*

Vater: »Das fühlt sich leichter an, wenn wir lockerer damit umgehen.«

Die Herausforderungen für Eltern am Esstisch unterscheiden sich je nach Alter der Kleinen, da Babys an anderen Dingen forschen als zwei- und dreijährige Kinder. Für viele Eltern wird es anstrengend, weil sie selbst hungrig sind und die Stimmungen, Wünsche und Bedürfnisse ausbalanciert werden wollen, besonders wenn sich Geschwisterkinder am Esstisch gegenseitig hochschaukeln. Vor allem die gemeinsamen Abendmahlzeiten bedeuten für viele Familien eher Stress als Genuss, weil Kinder abends oft schon zu müde und zappelig sind für gemeinsames gemütliches Beisammensein.

Was wem wichtig ist

Was Eltern am Essen wichtig ist und die familiäre Esskultur formt:

- kochen, was allen schmeckt und von ihnen wertgeschätzt wird,
- zur Ruhe kommen,
- sich mit guten, gesunden Nahrungsmitteln sättigen,
- gemeinsam Zeit haben, um voneinander zu hören.

Dahinein mischen sich manchmal folgende Wünsche, die oft zu früh an die Kinder herangetragen werden und mit der Erziehung zu guten Tischmanieren zu tun haben:

- nicht mit dem Essen spielen,
- sitzen bleiben, bis alle fertig sind,
- alles probieren, bevor es abgelehnt werden darf.

Was Kindern am Essen wichtig ist:

- erkunden der Speisen (anfangs mit den Händen, später reicht ein Blick oder ein Duft, um zu wissen, was es ist),
- satt werden in guter Stimmung durch etwas, was schmeckt,
- mit den Eltern und Geschwistern zusammen sein,
- selbst machen dürfen (zum Beispiel Menge und Auswahl bestimmen, das Ende der Mahlzeit selbst festlegen).

FenKid-Tipp: Wenn es nicht schmeckt

Wenn dem Kind das Essen nicht schmeckt, sollten Koch oder Köchin dies nicht persönlich nehmen, auch wenn viel Zeit und Mühe aufgewandt worden sind. Wichtig ist, dass es den Eltern schmeckt und das Kind mitbekommt, dass es in dieser Familie möglich ist, den eigenen Geschmack auszudrücken und Nein sagen zu dürfen. Dann kann das Kind gern auf eine bei ihm bisher beliebte Speise wie Butterbrot, Müsli oder Ähnliches ausweichen, auf etwas, das nahrhaft ist, wenig zusätzliche Arbeit macht und dadurch die Nerven aller schont.

Den Teller leer essen und essen müssen, was auf den Tisch kommt, das gehört mittlerweile zum Glück zur veralteten Ansicht guter Manieren. Wissen Eltern doch, wie wichtig es ist zu spüren, wann Mann/Frau/Kind satt ist und auch, dass der eigene Körper meist sicher signalisiert, welche Speise vertragen wird, schmeckt und wohltut. Mit dem »pädagogischen Happen« – alles muss einmal probiert werden – kam ein neuer Mythos an den Familientisch. Heute wissen wir, dass ein Kind einen neuen Geschmack einige Male gekostet haben muss, um zeigen zu können, ob es ihm schmeckt oder nicht. Jedoch sollte dies eher ein freundliches Angebot über einen längeren Zeitraum sein und nicht als Regel zur Pflicht werden. Manche Geschmacksrichtungen werden sich dem Menschen erst später erschließen. Wenn ein Kind eingeladen wird, das, was den Eltern schmeckt mitzuessen, wird es wahrscheinlich neugierig und achtsam kosten.

Elternfrage: »Was tun mit einem Zappelphilipp am Tisch?«

»Was kann ich tun, wenn mein Kind zappelt und mich am Tisch ganz nervös macht? Bei mir hieß es: Jetzt bleib doch mal ruhig und hampel nicht so rum!«

Abwägen hilft: Ihr Kind zeigt durch sein Verhalten, dass es aus verschiedenen Gründen nicht mehr in der Lage ist, seinen Bewegungsdrang zu unterdrücken. Oder dass es wichtig ist, etwas anderes zu erforschen. Oder es spürt Ihre Unruhe und Unzufriedenheit mit ihm und wird dadurch selbst unruhig. Den Blickwinkel des Kindes einzunehmen, verhindert oft schon, dass die Wut der Erwachsenen auflodert und sie sich manipuliert und hilflos gegenüber dem Ein- oder Zweijährigen fühlen. Am Esstisch sitzen bleiben können Kinder nur, solange sie sich nicht bewertet und kritisiert fühlen, oder bis sich ihr Bewegungsbedürfnis oder Müdigkeit meldet.

Wenn es Ihnen zu unruhig oder laut wird, können und sollen Sie deutlich machen, was für Sie jetzt gerade wichtig ist. Zum Beispiel: »Ich brauche Ruhe beim Essen, bitte sprich etwas leiser.« Oder: »Ich werde ganz unruhig, wenn es beim Essen laut ist. Kannst du eine Weile leiser sein?« Oder: »Ich möchte hören, was die Mama mir erzählen will. Wenn du so laut sprichst, kann ich sie nicht verstehen. Sei bitte ruhiger.« Ob Ihr Kind Ihrer Aufforderung oder Ihrer Bitte entsprechen kann, hängt vom Alter und von seiner emotionalen Situation ab. Besser, es darf in Frieden aufstehen und sich seinem Interesse widmen. Wenn Ihr Kind aber auch mitreden will und immer lauter wird, fühlt es sich wohl eher ausgeschlossen. Vielleicht beziehen Sie Ihr Kind mit ein und schenken ihm Nähe. Dann könnte es sein, dass Sie weitersprechen können. Oder es ist besser, wenn Sie Ihr Gespräch verschieben, um sich später in Ruhe wieder Ihrem Erwachsenen-Thema zu widmen.

Das Gleiche gilt bei Restaurantbesuchen: Waren diese für ein Paar früher purer Genuss und Gelegenheit, sich bei anregenden Gesprächen allein oder im Freundeskreis nahe zu sein, ist ein Familienbesuch nun doch wirklich anders. Werden die Gespräche so geführt, dass Kinder auch mitsprechen können, kann es eine Weile ganz gut gehen. Wird das ruhige Sitzen für die jüngeren Kinder schwierig, können diese Ausflüge für alle Beteiligten manchmal eher unerfreulich werden (andere Gäste einbezogen). Kleine Kinder forschen an ihren lauten Äußerungen und an physikalischen Versuchen wie beispielsweise mit der Schwerkraft. Größere Kinder erkunden Nachbartische, Nachbarn und Umgebung. Hier kann es erleichternd sein, ein Gasthaus, das sich als »familienfreundlich« ausweist, zu besuchen. Auch helfende Hände von Großeltern und/oder Freunden, können entlastend wirken. Für die meisten Kinder sind ausgedehnte Restaurantbesuche eher anstrengend. Manches Mal entspannt sich die Situation, wenn die Eltern vorausblickend zum Alter passendes Beschäftigungsmaterial dabeihaben, um Wartezeiten aktiv zu gestalten. Am besten stellen Sie sich auf einen etwas anderen, lebhafteren Aufenthalt ein, der dennoch genussvoll für Sie sein kann.

Schlafen: Viele Wege zur Erholung

»Hätte ich vor der Geburt gewusst, wie oft mein Kind mich aus meinem kostbaren Schlaf reißen wird, ich hätte nicht geglaubt, dass ich damit leben kann.« So berichtete eine Mutter im Kurs. Das Leben dem Rhythmus eines Kleinkindes anzupassen, ist für Erwachsene eine wirklich anstrengende Sache. Denn das einzig Verlässliche in den ersten Lebensjahren ist der ständige Wandel. Eines der Hauptthemen, das Eltern im ersten halben Jahr und in Entwicklungsphasen bis etwa zum vierten Lebensjahr umtreibt, ist das Schlafen. Wenn Eltern über Monate nicht mehr so schlafen können, wie sie es gewohnt waren, macht sie der Schlafmangel mürbe, und sie suchen nach Hilfen, um die »Störungen« abstellen zu können. Die Annahme, Eltern könnten das Schlafverhalten ihres Babys verändern und es zu einem guten Schläfer konditionieren, ohne dass es darunter leiden wird, ist zum Glück längst widerlegt. Kinder brauchen kein Erziehungsprogramm, um gut schlafen zu können, sondern eine sichere, vertraute Person, die sie gut beschützt und geborgen in den Übergang vom Wachen zum Schlafen begleitet.

Eltern wiederum brauchen, um aus der Übermüdungsfalle aussteigen zu können, unterstützende Menschen und Ideen, die helfen, zu zusätzlichem Schlaf zu kommen, anstatt in den kurzen Schlafphasen des Babys schnell viel zu erledigen. Babys und Kleinkinder haben generell ein anderes Schlafmuster als Erwachsene. Sie schlafen in kürzeren Etappen und tauchen häufiger aus Leichtschlafzeiten in echte Wachzustände auf, die wir als Erwachsene einfach überschlafen und meist

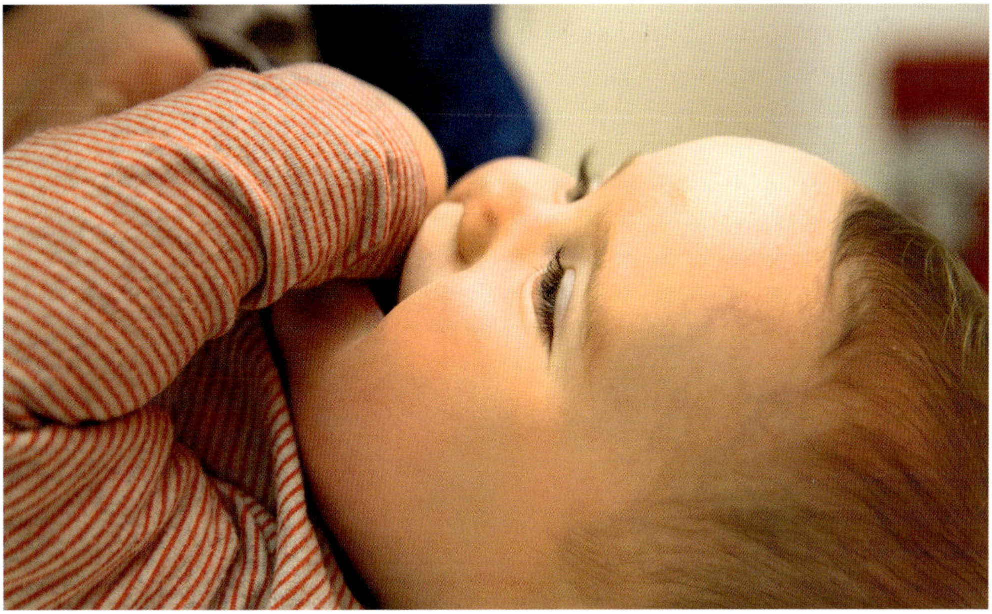

nicht bemerken. Babys treten zunächst nicht wie Erwachsene in eine Tiefschlafphase ein, in der sie entspannen können, sondern beginnen mit einer Leichtschlafphase, in der ihr Gehirn aktiv Erlebtes sortiert und verarbeitet. Erst danach fallen sie in tiefen Schlaf, den Eltern am Erschlaffen der Muskulatur, den ruhigen Augenlidern und den gleichmäßigen Atemzügen erkennen können. Wird versucht sie während des leichten Schlafs, der etwa 20–40 Minuten dauert, hinzulegen, wachen sie, schwups, wieder auf.

Mehrere Stunden am Stück durchzuschlafen ist ein allmählicher Prozess der Gehirnreifung, der individuell verläuft. Neben der Verarbeitung der Tagerlebnisse wächst das Baby auch nachts. Das dafür zuständige Hormon wird hauptsächlich in der Nacht ausgeschüttet, und dann wundert es nicht weiter, dass Babys nachts hungrig werden und deswegen aufwachen. Stillbabys müssen öfter trinken als diejenigen, die Muttermilchersatznahrung aus der Flasche bekommen, da Muttermilch schneller verwertet wird und genau zum Verdauungssystem passt. Dabei ist es nicht erstaunlich, dass gestillte Babys, die neben der Mutter schlafen, öfter und einfacher angelegt werden und sich somit leichter sättigen können und mehr zunehmen als gestillte Kinder, die in einem eigenen Zimmer liegen. Auch für die Mütter ist das Cosleeping ein Gewinn, denn sie passen sich im Schlaf den Tief- und Leichtschlafphasen ihres Babys an und werden daher nicht so plötzlich aus dem Schlaf gerissen, wie wenn das Baby aus dem anderen Zimmer seine Mahlzeit einfordert. Beiden hilft während des Stillens nachts das Hormon Prolaktin, um leichter zurück in den Schlaf zu finden.

Für die Kleinen also ist ihr Schlafrhythmus individuell und stimmig – es gibt für das Kind keinen Gewinn aus frühem Durchschlafen. Es wird dadurch weder reifer noch selbstständiger noch hätte es später Vorteile. Im Gegenteil. Für die Eltern ist es also durchaus hilfreich, sich von dem vermeintlich zu schaffenden Ideal »Mein Kind schläft ab 19 Uhr durch« zu verabschieden und sich so gut wie möglich auf den momentanen Rhythmus einzustellen. Dies mit dem Wissen, dass es ab und zu wieder Veränderungen geben wird. Manche Kinder schlafen auch schon in den ersten Monaten längere Phasen am Stück, andere tauchen viele Male aus dem Schlaf auf. Auch die Anzahl der Schlafstunden über Tag und Nacht variiert deutlich. Aus der bedürfnisorientierten Sicht können Sie die Kleinen ohne Sorge genauso in den Schlaf begleiten, wie es sich bewährt: in den Schlaf stillen, tragen, singen, wiegen … Alles, was in den baldigen Schlaf hilft, wirkt und hat keine nachteiligen Effekte, solange Sie das, was sie tun, gern tun. Wenn Sie langsam ärgerlich werden, ist dies ernst zu nehmen. Nutzen Sie ein Zumiko (S.189), um sich zu beruhigen – das wirkt sich auch auf Ihr Kind ansteckend aus.

FenKid-Tipp: Was heißt Durchschlafen?

Durchschlafen heißt im ersten Lebensjahr unter den meisten Fachleuten: fünf Stunden am Stück schlafen. Das gelingt manchen Babys früh, andere brauchen dafür ein bis drei Jahre. Erst im Alter zwischen fünf und sieben Jahren schlafen die meisten Kinder eine ganze Nacht durch. Auf die lästige Frage: »Schläft dein Kind schon durch?« kann also guten Gewissens ein gut gelauntes: »Ja, klar, so viel es halt schafft!« folgen. Oder Sie nehmen diese Frage von Großeltern oder Freunden als das an, was es meistens ist: ein Gesprächsöffner, um zu hören, wie es Ihnen eigentlich geht.

Sicherheit kommt durch Verlässlichkeit und Vertrauen

Wenn es Ihr zwei- oder dreijährigen Kind gewohnt ist, von Ihnen ruhig und gelassen in den Schlaf begleitet zu werden, wird es verstehen lernen, dass Sie mal mehr und mal weniger lange bei ihm bleiben wollen und können. Es wird vielleicht dennoch die Geschichte zum x-ten Mal vorgelesen bekommen wollen. Auch hierbei hilft es, den eigenen Energiepegel ernst zu nehmen und deutlich zu machen: »Heute kann ich nicht so lange lesen wie gestern …«, »Ich bin ganz unruhig, weil ich noch was erledigen muss …«, »Ich lass die Tür auf und schau immer wieder nach dir.« Wenn nicht nach einem starren Muster gelebt werden muss, wird die Beziehung untereinander tiefer und gewährender. Ihr Kind wird Sie dann nur zu besonderen Zeiten nicht gehen lassen können, und dann ist es wahrscheinlich sehr wichtig, dass Sie noch einen Moment bleiben.

Das Kind wacht nachts ständig auf

Die meisten Babys – vorausgesetzt, sie haben kein Bauchweh und zahnen nicht – schlafen leicht wieder ein, wenn sie mit den Eltern Körperkontakt haben. Ein wenig streicheln, und sie beruhigen sich. Wichtig ist, dass die Eltern nicht jedes Mal hellwach werden, wenn ihr Kind unruhig schläft. Es ist deshalb sinnvoll, das Baby in der Nähe zu haben, damit man als Vater oder Mutter nicht jedes Mal aufstehen muss, wenn es weint. Ältere Babys und Kinder, die wiederholt aus dem Schlaf hochschrecken, haben tagsüber oft zu viel erlebt. Manche sind Tag und Nacht mit der Integration eines neuen Bewegungsmusters beschäftigt, setzen sich auf, rollen herum oder üben das Aufstehen. Sobald sie das bewältigt haben, ist ihr Schlaf wieder tiefer und ruhiger. Andere haben im Vorfeld nicht genügend oder zu lange geschlafen. In diesem Fall ist es sinnvoll, wenn Eltern den Tag- und Nachtschlaf ihres Kindes als Einheit betrachten. Babys, die die Welt besonders intensiv entdecken, haben tagsüber kaum Zeit und Ruhe zum Trinken. Dann ernähren sie sich eventuell hauptsächlich nachts. Wenn das so ist, braucht das Kind vielleicht etwas öfter tagsüber ein Angebot, in Ruhe zu essen.

Austausch unter Eltern im Kurs zum Thema Schlafen

Hanna:
»Ich habe heute wieder das Schlafen als Thema, weil es mich beschäftigt und plagt. Meine Tochter Sarah wird mit ihren neun Monaten abends alle halbe Stunde wach, will dann getragen werden, und wenn nicht ich sie nehme, sondern ihr Vater, brüllt sie empört. Ich bin völlig übermüdet und die verschiedenen Ratschläge helfen nicht. Wie ist das bei euch gerade?«

Sabine:
»Leo schläft schon lange in seinem Zimmer, und das war auch nötig. Mein Mann braucht seinen Schlaf, und ich bin so grantig tagsüber, wenn ich dauernd geweckt werde, da haben wir es einfach versucht. Wenn er wach wurde und geweint hat, ist einer von uns rüber und hat sich auf die Matratze neben seinem Bettchen gelegt. Hand in Hand schliefen wir dann ein. Aber er hat es uns auch leicht gemacht.«

Tina:
»Ich glaube, wir haben es mit dem Cosleeping hinbekommen, dadurch musste ich nachts nicht aufstehen und konnte mich zum Stillen oder Beruhigen einfach zu ihr auf die Seite drehen. Dann sind wir beide fast nicht mehr richtig wach geworden. Ich weiß gar nicht, wie oft sie trinkt, weil es mich nicht stört. Ich nenne das Durchschlafen!«

Petra:
»Ich war nah dran, das Schlafprogramm von Ferber durchzuziehen. Als wir hier dann drüber gesprochen haben, war ich wieder ganz beruhigt. Ich fand die Argumente von FenKid recht einleuchtend und hab alles in Ruhe am Abend mit meinem Mann durchgesprochen. Der war auch froh. Dass Ferber für Kinder ab einem Jahr gedacht war, die schon echte Schlafstörungen hatten, hat uns bestärkt, es noch mal anders zu versuchen. Jetzt machen wir uns nicht mehr so viel Stress, dass Mia endlich schlafen soll. Sie bleibt bei uns, bis sie deutlich zeigt, dass sie bald einschlafen wird, manchmal einfach nur in der Rückentrage. Wir kochen oder essen zu zweit, und dann legen wir sie hin. Und es klappt jetzt immer besser, dass sie nur zweimal wach wird.«

Thomas:
»Seit Philip sechs Monate alt ist, bin ich in Elternzeit und meine Frau arbeitet. Dass es immer wieder diese Veränderungen im Schlafrhythmus gibt, irritiert mich auch. Vor allem will er nachts ganz nah an meiner Frau sein. Eigentlich will ich ihr dann den Rücken freihalten, denn sie muss ja am nächsten Tag wieder arbeiten, aber noch kann sie die Still- und Kuschelnächte genießen. Manchmal schläft sie aber auch im anderen Zimmer.«

Maria:
»Wir hatten so schlimme Nächte! Jetzt geht's grad wieder. Ich war so übermüdet, dass ich meine Mutter gebeten habe, über die Mittagspause zu kommen. Dann konnte ich Mittagsschlaf machen und war danach wieder frisch. Jetzt ist bei meinem Kleinen die Nacht ruhiger geworden, ich weiß nicht, warum. Aber es war eine schlimme Phase.«

Richard:
»Wir waren bei einer Schlafberatung, die uns erklärt hat, dass manches Baby nachts besser schläft, wenn es auch tagsüber genügend Schlaf bekommen hat. Seitdem legen wir Anton früher zum Mittagschlaf hin und nehmen ihn am Nachmittag noch mal ins Tuch. Wir haben dabei auch gelernt, dass wir ihn weder im Tuch noch im Kinderwagen nach vorn schauen lassen, damit er nicht so unruhig und aufgeregt wird.«

Katja:
»Max ist ja mein drittes Kind, und ich erinnere mich, wie verdreht ich beim ersten war. Ich hab mir Vorwürfe gemacht, dass ich das doch besser hinkriegen muss. Hab ihn getragen und dauernd was Neues ausprobiert, bis wir alle völlig durcheinander waren. Dann hab ich mich beraten lassen, und auch mein Mann war dabei. Wir konnten sehen, was uns so verunsichert hat. Ich habe damals immer wieder an das Gespräch bei der Entlassung aus der Klinik denken müssen und hatte Angst vor dem plötzlichen Kindstod. So hab ich dauernd geprüft, ob er noch atmet und ob er zu warm ist und, und, und. Heute sehe ich, wie anders jedes Kind ist, und unser Jüngster schläft am unproblematischsten. Die Großen machen noch ihren Mittagsschlaf und dafür legen wir uns jetzt alle zusammen hin. Der Älteste hört dabei eine Geschichte an und stört die anderen damit nicht. Ohne diese Pause ginge bei mir gar nichts mehr.«

Bevor das Thema Schlaf zum Alptraum für alle wird, ist es sinnvoll, eine Schlafberatung aufzusuchen, in der die individuelle Situation der Familie empathisch und professionell in den Blick genommen werden kann.

Einen stressfreien Weg wählen

Unsere Erfahrung sagt: Das Wichtigste ist, dass alle nachts zur Ruhe kommen und sich erholen. Ob die Kleinkinder dabei im Elternbett schlafen oder im eigenen Bett liegen, spielt keine große Rolle. In manchen Familien wird das ganze Zimmer zu einer Liegewiese für alle, für andere liegt die Lösung darin, dass sich Vater oder Mutter, wenn das Kind nachts ihre Nähe braucht, für eine Übergangszeit auf eine Matratze mit ins Kinderzimmer legen. Eltern, die nachts immer wieder geweckt werden, sollten versuchen, tagsüber den fehlenden Schlaf nachzuholen, zum Beispiel durch einen Mittagsschlaf. Eine weitere Möglichkeit ist, dass ein Babysitter oder Verwandte eine Zeitlang das Kind betreuen, damit die Eltern tagsüber schlafen können. Der Schlafrhythmus der Babys verändert sich mehrmals im ersten Lebensjahr, und es tut vielen Eltern gut zu hören, dass Unruhephasen meist ganz normal und in ein paar Wochen vorbei sind oder es dann zumindest ganz anders aussieht. Beim Thema Schlafen ist Eltern zu wünschen, dass sie den stressfreiesten Weg wählen, und der sieht bei jeder Familie anders aus. Stressfreiheit verwöhnt nicht, sie gibt den Kindern die Sicherheit, dass für eine gesunde Entspannung und Entlastung durch den Schlaf immer genug Geduld und Zeit da ist. Jedoch bedeutet das nicht, dass Vater oder Mutter nun endlos neben dem Bettchen sitzen müssten, was zeitlich und emotional gar nicht ginge. Nein, die Wege, in einen guten Schlaf zu finden, sind unterschiedlich. Das Einschlummern kann ohne Schaden des Kindes auch an unterschiedlichen Plätzen stattfinden (im Tragetuch, auf dem Schoß, auf der Couch), solange vertraute Stimmen und Geräusche in der Nähe sind. Oder Sie nehmen sich etwas Entspannendes für sich selbst mit ans Bett des Kleinkindes (ein Buch, das Tablet, um zu chatten, Strickzeug) und schenken ihm Ihre Nähe, aber nicht Ihre Aufmerksamkeit.

Beste Begleitung: fördern, ohne zu überfordern

Die Entwicklung der Beweglichkeit, das Entdecken und Verfeinern von Handlungsmöglichkeiten und die Entfaltung der eigenen Persönlichkeit – all dies geschieht in den ersten Lebensjahren parallel. Diese Felder sind eigentlich nicht unabhängig voneinander zu sehen. Um manche Perspektiven daraus deutlicher verstehen zu können, hilft es allerdings, sie einzeln zu betrachten. Jedes Kind zeigt von Anfang an einen ganz eigenen Weg des Wachsens, Lernens und Gedeihens und braucht für einen guten Start Erwachsene, die fördern, ohne zu überfordern. Und es braucht einen sicheren Raum, um zu forschen, sowie ausreichend Zeit.

Bewegen und handeln – alles baut aufeinander auf

Babys und Kleinkinder entwickeln und verändern sich so rasend schnell, dass es für die Eltern immer wieder wichtig und spannend ist, ihr Kind mit neuem, interessiertem Blick zu betrachten. Sie werden dabei entdecken, womit es gerade beschäftigt ist, welche Entwicklungsschritte unternommen werden und was sich an Neuem ankündigt.

Wenn Eltern sich für das liebevolle Betrachten ihres Kindes Zeit nehmen, entschleunigt das nebenbei ihren Alltag, und sie finden Inseln der Ruhe. Aus dieser Stimmung heraus wird es möglich, einen guten Kontakt zum Kind aufzunehmen. Interessiert und wertschätzend wahrgenommen zu werden, bewirkt schon bei ganz jungen Babys, dass sie sich gesehen und verstanden fühlen, was jedem Menschenkind guttut und ihm zu wünschen ist. Dabei werden Eltern manchmal feststellen, dass ihr Kind plötzlich viel weiter ist, als sie es gewohnt waren. So können sie neu auf ihr Kind eingehen und es da unterstützen, wo es ihre Begleitung braucht und durch Bewegungs- und Spielmaterial ihren Erfahrungsraum erweitern. Dadurch schaffen sie beste Bedingungen für ein gesundes, freudiges Lernen.

Bewegungen sind dabei ganz zentral. Wir alle bewegen uns unentwegt. Schon allein durch unsere Atmung sind Brustkorb oder Bauch ständig aktiv. Unser Lidschlag bedeutet Bewegung, mit kleinen Bewegungen regulieren wir unsere statische Position, unsere Augen folgen unserer Aufmerksamkeit … Grundsätzlich wissen wir, dass wir Menschen Bewegung brauchen, um uns wohlzufühlen.

Die Bewegungen, die Ungeborene im Mutterleib ausführen, dienen bereits dazu, sie auf die spätere Fortbewegung vorzubereiten. Das Baby dreht und wendet sich, solange es genug Platz hat, es bewegt die Arme und Beine, streckt und beugt sie, führt die Hände zum Mund, nuckelt, schluckt und verdaut Fruchtwasser.

Wird das Baby nach der Geburt auf den Bauch der Mutter gelegt und dürfen beide in Ruhe mit ausreichend Zeit den ersten Kontakt genießen, kann das Neugeborene kriechend die Brust der Mutter finden. So entdeckt es selbst die Brustwarze mit dem Mund, es wird ansaugen und die erste Stillmahlzeit genießen. Zudem erlebt es die erste, noch nicht bewusste Selbstwirksamkeit. Nach wenigen Wochen verliert es die instinktive, reflexhafte Fähigkeit des Kriechens wieder und lernt sie im Alter von einigen Monaten durch viel Üben wieder neu.

Dies sind Beispiele der ersten frühen Handlungen und Bewegungen des Babys. Sie gehören eng zusammen und werden zunehmend geschmeidiger. Jedes Kind findet hierbei seinen ganz eigenen Weg und sein eigenes Tempo. So greift das Baby anfangs mit der gesamten Hand zu. Dem folgt der Scherengriff, wobei der Daumen schon unabhängig von den Fingern einen Gegenstand umschließen kann. Wenn die Feinmotorik genauer wird, folgt die Kunst, mit den Fingern greifen zu können wie mit einer Pinzette. Dabei wird auch das Drehen der Handgelenke geübt, und das fühlt sich beim Winken anders an als beim Heben und Drehen einer Schüssel.

Je mehr sich ein Baby im Liegen am Boden in die Seitenlage drehen und hochstemmen kann, desto sicherer kann es Dinge wie die ersten Fühltücher, Seile oder Holzringe in seiner Umgebung erforschen. Durch zunehmend komplexere Handlungen, wie das Hantieren mit einer Schüssel, die es zwischen Händen, Mund und Füßen bewegt oder mit der es auf den Boden klopft, wird auch seine

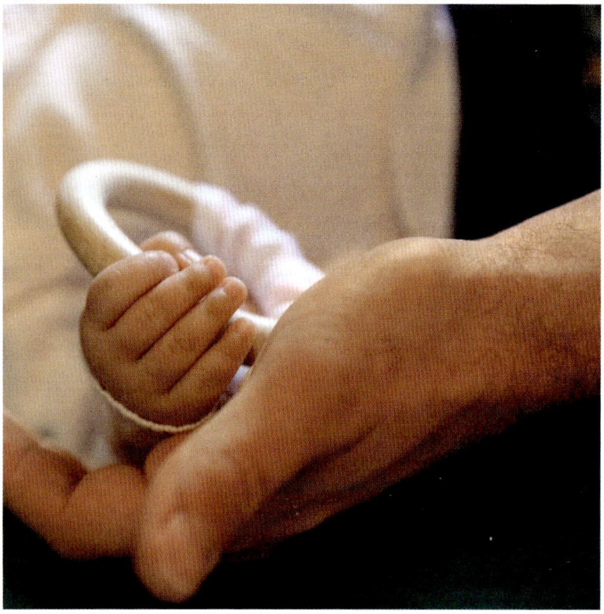

Muskulatur gestärkt, sein Gleichgewichtssinn und seine Bewegungssicherheit werden verfeinert. Hat das Kind selbst zum freien Sitzen gefunden, kann ein Gegenstand noch intensiver untersucht und dessen physikalische und mathematische Eigenschaften erfasst werden. Im Stehen und Gehen erlebt das Kind seine Aufrichtung und die Freiheit, eigene Schritte zu gehen, dabei Dinge zu tragen, zu sortieren und auf kreative Weise zu benutzen.

Entwicklung geschieht in Schritten

Entwicklung geschieht im Zusammenwirken von inneren Anlagen und äußeren Umständen. Sie bedeutet Wachstum, Reifung und Entfaltung von Fähigkeiten und Eigenheiten. Sich zu entwickeln ist ein Grundbedürfnis. Jedes Kind ist einzigartig in seinem inneren Zeitplan und in seinen Wesenszügen, weshalb Normvorgaben, wenn überhaupt, nur sehr weit gesetzt sinnvoll sind.

Auch die Kinderärztin Emmi Pikler betonte in Vorträgen und Schriften, dass Babys ein Selbstbild formen, indem sie sich durch ständiges Ausprobieren in ihren Möglichkeiten und Grenzen kennenlernen. Ein neugeborenes Baby fühlt sich anfangs in der gebeugten, runden Haltung, mit der es im Mutterleib geborgen war, wohl. Es wird sich allmählich aus der Rückenlage entfalten und langsam lernen, sich auszubalancieren. Eltern können ihr Baby anfangs unterstützen, indem sie ihm ein geborgenes Nest formen, zum Beispiel aus einem Stillkissen oder einer Deckenrolle.

PERSPEKTIVWECHSEL

Mutter/Vater: *Eigentlich sehe ich nicht viel Bewegung bei meinem Baby. Eher manchmal so ein Strecken, Krümmen und Fuchteln. Manchmal schiebt es sich im Bett an den Rand, und ich bin überrascht, wie es dort hingekommen ist. Aber meist liegt es nur da, und eigentlich schläft es fast immer.*

Baby: *Sobald ich aufwache, brauche ich dich. Ich habe Hunger und muss dich riechen und fühlen. Wenn du mich wieder hingelegt hast, spüre ich einen kleinen Rhythmus in mir und mag mich genüsslich räkeln und schwingen. Manchmal fühle ich, wie mein Kopf sanft begrenzt wird, das fühlt sich gut an. Nun bin ich wieder müde.*

Anfangs geschieht in der Bewegungsentwicklung scheinbar nicht viel, dennoch wird hier schon das Grundmuster für die Bewegungsmatrix des Kindes gelegt. Die Anstrengung des Babys, sich zu entfalten und zu wachsen, ist dabei so enorm, dass es meist nur kurze Wachphasen aushalten kann und bald wieder in den Schlaf gleitet oder sich durch Nähe und Nahrung stärken muss.

Die Bewegungen des Babys geschehen von innen heraus, zum Beispiel wenn es an der Brust saugen will und Kopf und Mund dorthin dreht. Oder sie werden von außen angeregt, wenn eine Berührung der Wange diesen Reflex auslöst. Wieder ist die Handlung des Saugens an der Brust mit der Bewegung des Kopfes und des Mundes, der Zunge, der Kehle und der Augen verknüpft.

Bald, wenn das Baby seine stabile Mittellage auf dem Rücken durch Räkeln gefunden hat, wird es seine Hände so bewegen, dass sie zufällig in sein Blickfeld geraten. Es wird sie zunächst mit dem Mund berühren, es wird daran lutschen und immer mehr entdecken, dass es selbst die Bewegungen ausführt. Dadurch und natürlich durch die liebevollen, warmen und weichen Berührungen seiner Eltern, spürt es seine Haut, seine Grenzen und somit seinen Körper.

EINE KLEINE GESCHICHTE

Ein etwa fünf Monate altes Baby liegt satt, wach, frisch gewickelt und genügend bekuschelt auf seiner vertrauten Spieldecke in der Nähe seines Vaters am Boden. Es beginnt zu forschen. Zunächst befühlt es sich selbst, betastet seine eigenen Hände und berührt sie mit den Lippen, saugt an den Fingern und betrachtet sie interessiert. Es strampelt vergnügt, spürt dabei seine Beine und seine Rumpfmuskeln und trainiert sie unbewusst. Gleichzeitig schult es auch seinen Gleichgewichtssinn und seinen stabilen Halt in der Rückenlage. Dabei schweift sein Blick in die nähere Umgebung, bleibt an Möbeln und Formen des Raumes hängen. Es studiert die Eindrücke von Licht und Schatten. Diese Beobachtungen beschäftigen das Baby so sehr, dass es abwechselnd juchzend und still versunken auf der Decke liegt. Gerade war die Sonne noch da, jetzt ist es dunkler. Das wechselnde Licht malt sich wandelnde Bilder an die Wand.

Nach einer Weile wechselt sein Interesse auf sein direktes Umfeld, da dort in Reichweite etwas liegt. Es greift danach, um es genauer zu erkunden. Zufällig berührt die Hand ein weiches Tüchlein, das es reflexhaft mit der ganzen Hand ergreift und betrachtet. Es führt das Tüchlein zum Mund und erkundet es mit seinen feinen Nerven an Lippen und Zunge. Dabei sammelt es viele sensorische und visuelle Erfahrungen. Bald will es das Tüchlein durch heftige Bewegungen seiner Hand loswerden, was jedoch nicht gelingen kann, weil die Hand geschlossen bleibt. Erst als seine Bewegungen heftiger werden und sich zufällig die Hand dabei öffnet, fliegt das Tüchlein mit Schwung davon. Nun zeigt das Baby mit unterschiedlichen Tönen die ersten Signale von Unruhe und Erschöpfung und macht deutlich, dass es wieder Geborgenheit und Nähe braucht.

Einige Wochen später greift das Baby gezielter nach den Dingen in seiner Nähe, um deren Beschaffenheit genauer zu erforschen. Jetzt nehmen die besonders sensiblen, feinen Nerven an Lippen, Zunge und Fingerspitzen immer klarer die Strukturen von Materialien wahr und bieten dem Baby vielfältigste Informationen darüber an. Es betrachtet die Dinge mit seinen Augen genau, es wendet sie hin und her, nimmt sie von einer Hand in die andere und betastet sie zwischendurch immer wieder mit dem Mund.

FenKid-Tipp: »Mundeln«

Vor allem beim ersten Baby fällt es Eltern oft sehr schwer, dem »Mundeln« Raum zu geben, weil sie ihr Baby vor Staub und Keimen bewahren wollen. Sie lassen dann nicht gern zu, dass es Dinge in den Mund nimmt. Natürlich müssen der Raum und die zu erkundenden Materialien sicher und sauber sein und öfter gereinigt werden. Zum Glück ist aber die Zeit der absoluten Keimfreiheit im Wohnbereich durch aggressive Putzmittel vorbei. Frühere Empfehlungen dazu wurden zurückgenommen, da heute bekannt ist, dass bestimmte Keime für den Aufbau eines gesunden Immunsystems nötig sind. Sobald das Abwehrsystem bereit ist, sich intensiver mit Keimen auseinanderzusetzen (etwa im fünften bis sechsten Monat), braucht meist auch das Wasser nicht mehr abgekocht und die Fläschchen nicht mehr sterilisiert werden. Manche Eltern sorgen sich so sehr, dass sie versuchen, den Mund des Babys durch den Schnuller zu »verschließen« oder zu »sichern«. Ab der Zeit oder spätestens beim nächsten Baby wird der Umgang mit der wichtigen Lernerfahrung des »Mundelns« durch mehr elterliche Gelassenheit etwas lockerer.

Dieses Forschen nach Beschaffenheit – Wie fühlt sich das Tüchlein an? Wie schmeckt es? Welche Struktur hat es? Ist es weich, kühl, rau? – wird das Kind einige Zeit später um das Erforschen der Funktion der Dinge ergänzen. Es wird erkunden, welche Geräusche sich mit allen möglichen Gegenständen erzeugen lassen. Es wird vergnügt damit auf den Boden klopfen und es schütteln, es wird probieren, was passiert, wenn es das Teil wirft.

Das Baby wird also spielerisch physikalische Versuche unternehmen und nach und nach die Welt verstehen lernen. Das Forschen wird von dem inneren Streben nach Entwicklung angefeuert. Kleine Kinder, deren Umgebung Bewegung erlaubt, zeigen einen fast unermüdlichen Drang, ihre bereits gewonnenen vielfältigen Bewegungserfahrungen und Positionswechsel zu trainieren und auszufeilen. Sie regulieren sich selbst, indem sie immer wieder zwischen Ausruhen und Aktivität wechseln. Aber auch das muss geübt werden.

Forschungen von Emmi Pikler zeigen, dass einjährige Babys nicht länger als ein bis zwei Minuten in einer Position verweilen. Erwachsenen erscheint dies manchmal zu viel an Bewegungsdrang. Wenn ein Kind gerade unermüdlich das Aufstehen übt, kann es sein, dass es trotz körperlicher Erschöpfung nicht gut schlafen kann und auch im Traum ständig dieses unglaublich aufregende Bewegungsmuster durcharbeiten muss. Das Gehirn muss es lernen und sich entsprechend dafür umformen. Erst wenn dieser Entwicklungsschritt gemeistert wurde, beruhigt sich der natürliche »Unruhezustand«. Und auch der Rhythmus zu Hause wird wieder normaler. Inzwischen brauchen die Eltern meist helfende

oder beruhigende Entlastung von Freunden oder der Familie, den Eltern wird in diesen bewegten Zeiten ein hohes Maß an Konzentration und Aufmerksamkeit abverlangt. Auch eine sichere Spielumgebung für das Kind ermöglicht es den Eltern, Pausen zu machen.

Plastik und andere Giftstoffe

Anneliese Bunk und Nadine Schubert schreiben in *Besser leben ohne Plastik*, über den heute sehr starken Anteil von Plastik in unserem Lebensumfeld und über dessen Wirkung: »Kinder sind durch Substanzen, die den Hormonhaushalt beeinflussen, besonders gefährdet. Da sie sich in der Entwicklung befinden, ist ihr Organismus extrem empfindlich und empfänglich für Störungen. Besonders sollte auf die Weichmacher Phtalate und Bisphenol A (BPA) geachtet werden.« (S. 11). In den FenKid-Kursen wird die Verwendung von Plastik stark eingeschränkt, und es wurden einige Materialien aus unbedenklichen Stoffen und unbehandeltem Holz entwickelt, die zum Teil über die Beratungsstelle für Natürliche Geburt und Elternsein e.V. erworben werden können (siehe Anhang).

Mit Neuem vertraut werden

Neue Bewegungen entwickeln sich stets im Wechsel von sicheren und noch unsicheren Positionen. Das Baby, das seine stabile Position in der Rückenlage (Symmetrie, Sicherheit) gefunden hat, wird schon bald beginnen, sich durch Bewegungen der Arme und Beine, seines Kopfes und des ganzen Körpers zur Seite zu orientieren (Asymmetrie, Unsicherheit). Sein Greifen wird diese Bewegungen unterstützen: Wenn das Baby mit der Hand neben sich ein Tüchlein berührt, wird es anfangs zufällig zugreifen und sich allmählich immer gezielter nach dem Tuch strecken und schließlich über eine Drehung seiner Körpermitte danach fassen können. Dabei wird die Seitenlage noch sehr instabil und wackelig sein. Irgendwann, entweder weil das Baby die Balance verliert oder weil es sich zum ersten Mal neugierig und zielstrebig mit Schwung umdreht, wird es in die Bauchlage rollen. Diese wird mit der Zeit nach vielem Üben wieder zu einer stabilen und sicheren Ausgangslage.

Manche Babys warten nach dem ersten Drehen auf den Bauch eine ganze Weile, bis sie es erneut probieren, da das erste Mal noch zufällig geschah. Wenn dies

aber ihr neues »Forschungsprojekt« geworden ist, werden sie sich immer wieder auf den Bauch drehen. Zurück auf den Rücken zu gelangen, ist jedoch oft erst nach vielen Versuchen möglich.

Leider erleben viele Babys eine Anspannung im Nacken und oberen Rücken, wenn sie auf den Bauch gelegt werden, ohne dafür bereit zu sein. In der Rückenlage können sie alles trainieren, was sie in der Bauchlage brauchen, um sich ohne zu viel Anstrengung halten zu können. Wenn ein Kind auf dem Rücken liegend strampelt, sich zur Seite wendet und sich dann von selbst auf den Bauch dreht, sind seine Nackenmuskeln, seine Rumpfmuskulatur und die Muskeln von Armen und Beinen bereit dafür.

So kann es die Bauchlage auch genießen und entspannt aus dieser neuen Perspektive die Welt erforschen. Nach einer Weile wird das in dieser Position allerdings wieder anstrengend. Es muss erst lernen, entweder den Kopf abzulegen, um eine Pause zu machen, oder sich gezielt zurück auf den Rücken zu drehen. Das braucht viel Übung. Bis das Zurückrollen erlernt ist, braucht es liebevolle Begleitung seiner Anstrengung und ab und zu ein Zurückdrehen: »Oh, du hast dich

auf den Bauch gedreht. Das ist wohl anstrengend für dich, du jammerst. Komm, ich nehme dich auf den Arm, dann kannst du eine Pause machen…«. Wenn das Baby zeigt, dass es wieder bei Kräften ist, wird es dadurch unterstützt, dass es wieder von der Rückenlage aus starten darf.

FenKid-Tipp: Die Bauchlage kommt zur rechten Zeit

Wenn Ihr Baby sich Zeit lässt mit den großen Bewegungsschritten, hören Sie oft Aussagen wie: »Legen Sie das Baby öfter auf den Bauch« oder »Das Kind muss die Bauchlage üben.« Die Erfahrung aus den FenKid-Kursen ist eine andere. Jedes Kind dreht sich selbst entweder über die Schultern oder die Hüfte auf den Bauch, wenn Koordination und Muskulatur dafür reif ist. Das Drehen wird aus der Rücken- und Seitenlage vorbereitet und findet zum kindgerecht richtigen Zeitpunkt statt. Ein gesundes Kind braucht kein vorgreifendes Üben von Bewegungen. Das geschmeidige Zusammenspiel von Muskeln, Knochen, Gelenken und Sehnen entwickelt sich am besten, wenn das Baby seine Bewegungen in seinem Tempo erleben und üben kann. Dies stärkt es auch auf persönlicher Ebene: Es fühlt sich kompetent. Kinder folgen einem inneren Plan an Bewegungsmustern, der durch Forcieren gestört werden kann. Manche Kinder reagieren darauf mit großer Unlust und Unzufriedenheit.

Kleinkinder unterscheiden sich in ihrem Bewegungsforschen hinsichtlich des Zeitpunktes und auch hinsichtlich der Art des Forschens. Wann sich ein Kind vom Rücken auf den Bauch dreht, variiert, es kann im Alter von vier Monaten oder auch erst mit neun Monaten passieren. Manche üben schier unermüdlich den anstehenden Entwicklungsschritt, andere wenden sich zwischendurch verstärkt anderen Lernaufgaben wie der Feinmotorik oder dem Lallen (also der Sprachentwicklung) zu. Während dieser scheinbaren Pausen in der Bewegungsentwicklung werden Muster vertieft und sicher abgespeichert. Während zum Beispiel Dinge sehr intensiv betastet und betrachtet werden, von vergnügten Lauten begleitet, trainiert das auf dem Rücken liegende Kind gleichzeitig seine Rumpfmuskulatur, bis es irgendwann gezielt seine Position hin zum abgestützten Sitzen und bald zum freien Sitzen verändern kann.

Alle gesunden Kinder erfahren die einzelnen Stufen der Bewegungsentwicklung. Alle kommen vom Liegen ins Drehen, vom Liegen ins Fortbewegen, zunächst ins Um-sich-Kreisen, ins Robben, ins Krabbeln, vom Sitzen ins Stehen und Gehen, ins Klettern, ins Laufen, Springen und Rennen. Dabei wechseln sich jeweils stabile Positionen wie Liegen, Vierfüßlerstand, Sitzen und Stehen (Symmetrie, Sicherheit) mit instabilen Positionen wie Robben, Krabbeln und Gehen ab (Asymmetrie, Unsicherheit).

Bis alle Bewegungsschritte sicher sind, braucht es viel Zeit und unzählige Wiederholungen. Dabei treten mehrere Entwicklungsstufen auch gleichzeitig auf: Wird zum Beispiel vertieft der Vierfüßlerstand eingeübt, so wird das Baby zwischendurch in stabiler Rückenlage etwas genau untersuchen. Und danach vielleicht die verschiedenen Stufen und Schrägen einer vorbereiteten Umgebung, wie sie unten zu sehen ist, erkunden. Dabei folgt es den inneren Impulsen und erfährt sich als aktiv und kompetent. Es kann von selbst den Weg zum Sitzen, Stehen und Gehen finden. So bahnen innerer Antrieb und ein anregendes Umfeld den Weg zu neuen Fertigkeiten.

Entwicklung geschieht zudem meist nicht linear, sondern in Sprüngen und Schüben. Je anspruchsvoller eine Fähigkeit, desto mehr Übung, Erfahrung und Zeit braucht es, sie zu meistern.

Reif zum Handeln

Das Lernen und die Entwicklung des Kindes geschehen durch ständiges Experimentieren im Bewegen und Handeln, durch Verinnerlichen in den wichtigen Pausen, durch ständig neue Herausforderungen, durch innere Neugier. Von außen wird all das durch eine anregende Umgebung befördert, sodass innerer Entwicklungsplan und von außen angebotene Entwicklungsmöglichkeiten Hand in Hand gehen.

Begreifen beginnt …

Neugeborene führen von Anfang an spontane Aktionen aus, die reflexhaft, instinktiv und zuweilen von außen initiiert sind. Zum Beispiel wird das Baby durch die Berührung der Wange zum Saugen angeregt. Babys sehen anfangs an der Brust liegend das Muttergesicht scharf, das ist ein etwa 20 Zentimeter großer Abstand. Das Kind kann von sich aus im Kontakt mit seiner Mutter aktiv werden, ihren Blick finden, ihre Mimik imitieren und ihr »antworten« und sich wieder abwenden, wenn es eine Pause braucht. Sicher erinnern Sie sich an die ersten innigen Dialoge, bei denen Sie automatisch mit höherer Stimme, hochgezogenen Augenbrauen und freundlichem Blick in liebevollen, einfachen Worten zu Ihrem Baby gesprochen haben. Dadurch fühlte es sich gesehen, gehört und bestätigt, es konnte im Kontakt mit Ihnen sein anfängliches Selbstgefühl entwickeln. Jede Ihrer Antworten unterstützt das Baby darin, sich in einem wohligen Umfeld selbst kennenzulernen.

Es erfährt erst allmählich, dass die Hand, die sich vor seinen Augen bewegt, zu ihm gehört und dass es selbst gezielt die Hände zusammenführen oder nach einem Gegenstand greifen kann. Anfangs lässt das Bedürfnis zu saugen das Baby aktiv werden. später weckt oft der Blick auf etwas im Umfeld sein Interesse. Es folgt mit den Augen dem Gegenstand, der ihm aus der Hand fällt, es greift danach. Im Alter von einigen Monaten setzt es seine Füße als zusätzliche »Hände« ein, um in der Rückenlage Dinge zu bewegen und zu untersuchen. So werden Einzelerfahrungen verfeinert und koordiniert, und das Baby beginnt mit bewussten Wiederholungen seiner Versuche, sich allmählich an seine Handlungen zu erinnern.

Bewegungsexperimente

Durch die spätere Fortbewegung im Raum, können seine Experimente zunehmend komplexer und umfassender werden. Im Sitzen beide Hände frei zu haben, ermöglicht ein genaueres Erkunden von Gegenständen. Die Beschaffenheit der Dinge steht dann nicht mehr im Vordergrund, obwohl oft lange noch ein kurzer Check mit dem Mund stattfindet. Jetzt aber werden die Funktionen immer interessanter und erkennbarer. Was lässt sich alles mit einer Schüssel unternehmen? Welche Geräusche durch Klopfen auf den Boden können erzeugt werden? Was lässt sich in die Schüssel hineinlegen, wie die Dinge wieder herausschütten? Das alles sind Handlungen, die das Baby variantenreich und vergnügt mit immer neuen Versuchsanordnungen erforscht und sich dabei selbst als Verursacher entdeckt: Es kann etwas bewirken! Es kann langsam Konsequenzen seines Handelns erkennen, Handlungsabläufe wiedererkennen und planen. Gisela Stemme und ihre Mitautorinnen sprechen in ihrem Buch *Die frühkindliche Bewegungsentwicklung* davon, dass hier die »Grammatik des Handeln« entsteht, was eine Voraussetzung für die spätere »Grammatik des Denkens und Sprechens« ist. Sie beschreiben sehr genau, dass durch analytisches Experimentieren wie Zeigen, Gebrauch des Zeigefingers, Differenzierung der Fingerfertigkeiten, Entdecken der Eigenschaften von Dingen und beginnendem Werkzeuggebrauch ein Übertragen von bekannten Vorgehensweisen auf neue Situationen geschieht. Wenn zum Beispiel ein Löffel nicht mehr nur als Werkzeug zum Essen, sondern zum Transport von Spielzeug benutzt wird, so hat das Kind den Transfer vom Essen-

FenKid-Tipp: Vorbereitete Umgebung

In sicherer Umgebung vielfältige Erfahrungen zu sammeln und dabei auch zu einem stabilen Halt zu finden: Das ist der Sinn dieser vorbereiteten Umgebung, in der die Kinder sich selbst erfahren und die Eltern sehen, was ihr Kind antreibt und interessiert.

transport in den Mund zum Transportmittel generell geschafft. Das Kind erlebt erwartete und unerwartete Effekte beim Experimentieren und befriedigt dabei immer wieder seine Neugierde. Ein unerwarteter Effekt beim Befördern von Holzringen in einem Eimer könnte das Klackern der Ringe sein oder die lauten Geräusche beim Herunterfallen. So erlebt das Kind im Spielen und Forschen unterschiedliche Wirkungen seiner Handlungen.

Durch die gleichen, im Familienalltag wiederkehrenden Handlungen oder Rituale, entwickelt das Kind allmählich ein Gefühl für die Dauer einer Handlung und somit allmählich für die Zeit. Wenn ein Kleinkind anfängt zu krabbeln und dabei einem Ball folgt, wird es bald entdecken, dass der Ball noch existiert, auch wenn er nicht mehr zu sehen ist, weil er zum Beispiel hinter ein Sofa rollt und dort dann wiederentdeckt wird. Dies wird in der Entwicklungssprache »Objektpermanenz« genannt. Das Kind hat ein inneres Bild für den Ball entwickelt, auch das ist eine Voraussetzung für die spätere Sprache. Nun beginnt das Kind, auch wenn es Sie nicht mehr sehen oder hören kann, erstmals zu verstehen, dass es Sie noch gibt. Das heißt aber noch lange nicht, dass es nicht heftig protestieren wird, wenn Sie den Raum verlassen – es möchte noch lange nicht allein sein.

Sprachexperimente

Bald wird das Kind Personen, Tiere und Töne erzeugende Gegenstände wie Autos, Hubschrauber oder Klingeln nachahmen und wiederholt mit diesen Tönen experimentieren. Auch dies ist ein Teil der Sprachentwicklung, die ab dem zweiten Lebensjahr im aktiven Sprachgebrauch deutlich erkennbar Fortschritte macht. Vorher ist das kindliche Sprachverständnis oft schon ausgereifter, als es die Erwachsenen erkennen. Vielleicht staunt der Vater, wenn sein Kind auf die Frage »Wo ist eigentlich die Puppe?« zur Spielecke krabbelt und auf die Puppe zeigt oder sie holt. Ob das Kind sich aber dem Sprechen durch Wörterüben oder über die Sprachmelodie, bei der es eigene Fantasiewörter benutzt, nähert, ist individuell verschieden. Auch der Zeitpunkt, wann das Kind erste Wörter und Sätze spricht, variiert.

Spielexperimente

Im Spiel ist die zunehmende Entwicklung der Handlungsfähigkeit deutlich zu verfolgen. Das Kind experimentiert damit, Dinge auszuleeren, einzuräumen und ineinanderzufüllen und findet dabei zu einem Verständnis für innen und außen, Größe und Raum.

Nach unzähligen Erforschungen, meist im zweiten Lebensjahr, stapelt das Kind Gegenstände aufeinander und bildet ein inneres Verständnis für über und unter. Es beginnt, Abläufe aus dem Alltag in sein Spiel zu integrieren – es benutzt die Dinge ihren tatsächlichen Funktionen entsprechend. Es spielt zum Beispiel »Trinken« mit einem Spielbecher mit sich selbst oder auch mit Ihnen. Später führt es diese Handlungen an seiner Puppe aus. Dies führt über einige weitere Schritte dazu, dass Ihr bald dreijähriges Kind in der Lage sein wird, einfache Handlungsabfolgen, die es aus dem Alltag kennt oder als bedeutend erlebt hat, nachzuspielen.

Das horizontale Bauen kommt meist nach der Turmbauphase: zuerst der Turm, dann der Zug oder die Straße aus Bauklötzen. Meist erst im dritten Lebensjahr bauen Kinder Mauern und kombinieren vertikal und horizontal.

Kinder fangen meist im zweiten und dritten Lebensjahr an zu kategorisieren und zu sortieren, nach Formen, nach Funktionalitäten, nach Farben. Ein Kind, das schon laufen kann, trägt zum Beispiel einen Eimer herbei und sortiert rote Ringe hinein. Indem es im Tun sortiert und ordnet, geschieht dies auch in ihm selbst.

Für Eltern ist es oft eine große Freude, ihrem Kind bei diesen Beschäftigungen zuzuschauen. Leicht verbinden sie mit dem Ordnungssinn und dem Spaß am Sortieren, Ausräumen und vor allem wieder Einräumen die Hoffnung, dass eine Freude am Aufräumen entsteht und bleibt. Und meist haben die Kinder wirklich Freude daran, gemeinsam nach dem Spiel aufzuräumen. Vor allem, wenn sie noch nicht zu müde sind und Vater oder Mutter dazu im Sinne eines gemeinsamen Tuns ohne Druck und Zwang einladen.

Begleiten und Führen

Die Bewegungs- und Handlungsentwicklung des Kindes zu begleiten bedeutet für die Eltern ein häufiges Abwägen: Wie viel Zeit ist da, welche unterschiedlichen Bedürfnisse, Wünsche und Möglichkeiten müssen berücksichtigt werden? Wieder einmal laden wir zu einem Perspektivwechsel ein. Denn vielleicht macht es Ihnen ab und an Lust, die Perspektive Ihres Kindes einzunehmen. Bei kleinen Babys ist es wirklich empfehlenswert, sich neben sie auf die Decke am Boden zu legen und einmal genau die Bewegungen nachzumachen, die sie gerade üben. Bewegen Sie die Arme, die Beine und den Kopf genauso wie Ihr Baby. Das gibt Ihnen einen guten Einblick in die Bewegungs- und Handlungsabläufe, also in das, was Ihr Baby gerade beschäftigt. Wohin geht sein Blick? Sicher entdecken Sie aus dieser Perspektive den Raum noch mal anders als aus der Sicht von oben. Lassen Sie sich von den Bewegungen und dem Interesse Ihres Babys führen. Wenn es die Hände betrachtet, schauen Sie auf Ihre. Vielleicht entdecken dabei auch Sie etwas Neues? Wie fühlt sich Ihre Hand an den eigenen Lippen an?

dann wird sein Selbstgefühl enorm gestärkt. Selbstgefühl bedeutet hierbei, den eigenen Körper mit seinen Fähigkeiten, seinen Möglichkeiten und seinen Grenzen kennenzulernen. Dafür braucht es die Gelegenheit, die Zeit und das Angebot einer sicheren Umgebung, auch um aus dem Scheitern zu lernen, ohne sich übermäßig zu verletzen. Dazu können Sie als Eltern zuhause die Umgebung günstig gestalten: zum Beispiel mit unterschiedlich großen und verschieden schwer gefüllten Postpaketen in Kissenbezüge eingehüllt oder ausklappbaren Gästematratzen und ähnlich interessanten Hindernissen.

Die Entwicklungspsychologie spricht von den drei psychischen Grundbedürfnissen des Kindes: nach Zugehörigkeit, Autonomie und Kompetenz. Ein Kleinkind kann bei der selbstständigen Erarbeitung der anstehenden Entwicklungsschritte in der Großmotorik und im Spiel alle drei Grundbedürfnisse aus sich heraus befriedigen. Es kann selbst bestimmen, wie es sich bewegt und welche Handlungen es dabei ausführen will. Zum Beispiel legt es sich auf den Rücken, um einen Gegenstand genau zu erkunden: kurzer Check mit dem Mund, es nimmt ihn von einer Hand in die andere, schüttelt ihn, macht dann wieder die Drehung auf den Bauch, klopft mit dem Gegenstand auf den Boden und freut sich an den Geräuschen, die es erzeugen kann.

Desgleichen fühlt es sich kompetent durch die Erfolge, die es sich durch viele Wiederholungen erarbeitet. Sein inneres hormonelles Belohnungssystem wird dabei aktiv: Es kann sich wohl und freudig fühlen. Eine liebevolle Begleitung des Erwachsenen in einer sicheren Umgebung ermöglicht es dem Kind, sich zugehörig und sicher zu fühlen – und, sofern es weder Hunger, Durst, Müdigkeit oder Schmerz empfindet noch sein Bedürfnis nach Nähe befriedigen will, sich auf das »Entdecken der Welt« zu konzentrieren.

Das Bild, dass ein Kind zuerst Wurzeln und dann Flügel entwickelt, passt wunderbar zur Bewegungs- und Handlungsentwicklung: Zuerst muss es die Beweglichkeit am Boden entfalten, später kann es kletternd Höhen erobern. Zuerst wird es die Beschaffenheit der Dinge erforschen, um sie später in seine fantasievollen Spiele einzubinden.

FenKid-Tipp: Gehenlernen ohne Händereichen

Oma und Opa meinen es oft gut, wenn sie dem Kind beim Gehenlernen die Hand reichen, auch weil es ihnen Spaß macht. Von selbst kommen Kinder meistens nicht auf die Idee. Dies ist aber für beide Seiten etwas problematisch: Der Erwachsene wird es bald im Rücken spüren, da er sich beim Gehen nach unten beugen muss. Das Kind wird wackelig, es findet kein Gespür für die nötige Balance und braucht umso länger, bis es allein gehen kann. Außerdem muss es beim Geführtwerden die Hände nach oben strecken, was sich ungünstig auf seine Schultern auswirkt. Durch den Lerneffekt wird es die Hilfe immer wieder einfordern, weil es eine Zeitlang keinen eigenen Weg findet zu üben, was wiederum für die Eltern extrem anstrengend und belastend ist.

Sehr viel leichter lernt das Kind laufen, wenn es Möglichkeiten entdeckt, selbst zu üben. Wenn es sich an der Kommode hochzieht und dort die ersten seitlichen Schritte meistert. Oder wenn es sich an einer Kiste hochzieht, diese schiebt und dabei die ersten Schritte erlebt. Typische Gehhilfen, sogenannte Lauflernhilfen, sind nicht nötig. Falls sie doch benutzt werden, ist es wichtig, dass sie nicht zu schnell bewegt werden können. Aber auch diverse Alltagsgegenstände erfüllen den Zweck, dass sich das Kind daran hochziehen, sie schieben und dabei die ersten Schritte üben kann.

Frustration begleiten

Eltern helfen einem frustrierten Kind am meisten durch freundliche Begleitung. Also nicht unbedingt dadurch, dass sie die Ursache für Frustration beseitigen, sondern indem sie da helfen, wo es nicht mehr weitergeht. Frustration kann ein Antrieb sein, etwas weiter zu probieren, sie kann sich aber auch bis zur Verzweiflung steigern, in der das Kind nicht mehr handeln kann und Begleitung braucht. Ein Kind, das seinen Unmut darüber kundtut, dass es sich anfangs rückwärts- statt vorwärtskriechend an eine Wand geschoben hat, braucht vielleicht nur die anerkennenden Worte, dass es nun nicht mehr weiterkommt. Es sind Worte als Spiegelung seines Gefühls: »Ich höre, du schimpfst. Ich glaube, du bist ärgerlich, weil du nicht vorwärtskommst. Das gelingt dir gerade noch nicht.« Dies hilft dem

Kind zunächst sich selbst zu verstehen. Vielleicht wird es sich beruhigen und etwas anderes probieren und weiterforschen. Oder es wird zeigen: »Ja, das ist mir langsam zu viel oder zu anstrengend« und sein Jammern verstärken. Dann kann der Erwachsene das Kind nehmen und wieder erklären, was los ist: »Nun ist es dir zu viel, ich nehme dich auf den Arm.«

Pausen für Eltern und Kind

Eine Phase, in der der nächste Entwicklungsschritt des Kindes ansteht und bei ihm mit viel Frustration und Unzufriedenheit verbunden ist, weil etwas noch nicht klappt, kann sehr anstrengend sein. »Das ständige Quengeln zerrt an meinen Nerven!«, dieses Empfinden kennen viele Eltern. Wenn der Vater das Kind zum x-ten Mal aus der Ecke holt oder vom Bauch auf den Rücken zurückdreht, weil es in der Bauchlage sofort jammert, dann ist es wichtig zu erkennen, wie stark der eigene Frust mittlerweile ist. Wenn sie selbst ärgerlich oder ungeduldig werden, ist das ein wichtiges Signal für die Eltern, um nun zunächst für sich zu sorgen und sich und dem Kind eine Pause zu gönnen. Wenn Sie wahrnehmen können, wann Ihre eigene Grenze erreicht ist, hilft dies ungemein. Sie können dann rechtzeitig darauf reagieren, bevor Sie unfreundlich zum Kind werden. Durchatmen, sich spüren, den »Kopf einzuschalten«, sich sagen: »Jetzt muss ich für mich etwas tun oder ändern.« All das zeigt dem Kind langfristig, wie es später selbst aus solchen Situationen herausfinden kann.

FenKid-Tipp: Auszeit in der Tragehilfe

Gönnen Sie Ihrem kleinen Kind in einer Tragehilfe eine Auszeit – und sich selbst damit auch. Das kann eine große Entlastung sein, vor allem, wenn Sie dies von Anfang an umsetzen. Dann stärken sich wie nebenbei Ihre Rückenmuskeln allmählich passend zum zunehmenden Gewicht Ihres Kindes. Außerdem können Sie auf diese Art sowohl das Nähebedürfnis des Kindes befriedigen als auch Ihren Tätigkeiten nachgehen. Dabei ist es für das Baby entspannend, wenn sein Blick zu Ihnen gerichtet ist, es durch Ihre Bewegungen geschaukelt, bewegt und beruhigt wird und es Ihre vertraute Stimme hört.

Manche Eltern berichten, dass sich ihr Baby nur beruhigt, wenn es mit dem Gesicht nach vorn getragen wird – es wird über die visuellen Reize ruhiger. Fachleute raten allerdings davon ab, da die Körperhaltung dabei nicht günstig ist, die physiologisch wichtige Spreiz-anhock-Haltung wird nicht unterstützt und der Rücken gerät ins Hohlkreuz. Ebenso ist das Kind den visuellen Angeboten von vorn völlig ausgeliefert und wird dadurch leicht überreizt. Es zappelt dann manchmal mit Armen und Beinen, und die Eltern könnten denken, es sei begeistert. Dabei ist auch dies oft ein Anzeichen dafür, dass ihm alles zu viel wird. Das kann sich dann in einer Schreistunde am Abend zeigen, in der es sich zu Hause in vertrauter Umgebung durch Weinen entlasten muss. Besser könnte es sein, wenn das Kind auf dem Rücken getragen wird. Dann kann es selbst entscheiden, ob es nach vorn schaut oder sich an Ihrem Rücken einkuschelt und so bei Müdigkeit von selbst in den Schlaf findet.

Die zurückhaltende Begleitung

Auch wenn die Erwachsenen ihre Babys und Kleinkinder in einem sicheren Rahmen forschen, ausprobieren und lernen lassen, ist doch eine zurückhaltende Begleitung notwendig. Babys erkunden die Welt im sicheren Umfeld ihrer Eltern. Begleitung bedeutet präsent zu sein und eingreifen zu können, sobald das Kind dies braucht, also nicht zu früh, um dem Kind sein Erfolgserlebnis zu ermöglichen, und nicht zu spät, sodass das Kind nicht völlig außer sich gerät.

In den FenKid-Kursen ist dies immer ein wichtiges Thema: Welche Begleitung tut dem Kind gut? Ein Baby, dem der gerade erforschte Holzring aus der Hand und außer Reichweite gefallen ist und das zeigt, dass es sich bemüht, ihn wieder zu erreichen, wird vielleicht frustrierte Laute von sich geben, weil es nicht recht klappt. Hier kann es die beste Begleitung sein, erst einmal abzuwarten und dem Baby mit einem liebevollen Blick zu zeigen, dass Vater oder Mutter da sind. Strengt sich das Baby weiter an und wird noch unzufriedener, hilft ihm wahrscheinlich ein verständnisvolles Spiegeln seiner Anstrengung: »Jetzt strengst du dich so an! Oh, das sieht schwierig aus!« Gelingt es dem Baby weiterhin nicht und zeigt es deutlich, dass es allmählich nicht mehr kann, braucht es Ihr Eingreifen. Vielleicht weint es fast und Sie nehmen es hoch, trösten es und legen es dann so

Unterstützung sein, die es braucht, um weiterzuforschen und dabei zu lernen. Kinder forschen an den unmöglichsten Dingen und ärgern sich vielleicht, wenn es nicht klappt, aber sie machen dabei wichtige Erfahrungen.

Da Eltern manchmal ihre Nerven schonen müssen, kann es eine verständliche Reaktion sein, dem Kind schnell zu helfen und ihm zum Beispiel direkt den Ring wieder in die Hand zu geben. Wenn die Kräfte über den Tag bereits geschrumpft sind, kann das auch in Ordnung und als Ausnahme sinnvoll sein. Kinder können sehr wohl mit Ausnahmen umgehen, so lernen sie echte persönliche Grenzen ihrer Eltern allmählich kennen.

Führen im rechten Augenblick

Erwachsene können dem Kind beim freien Spiel die Führung für sein Tun in bestimmten Grenzen überlassen. Sie sollten dabei in Bezug auf Sicherheit, zeitlichen Rahmen, eigene Grenzen und Umgebung die Führung unbedingt behalten. Als Eltern entscheiden Sie, womit Ihr Kind forschen kann, indem Sie entweder bestimmte Objekte extra bereitstellen oder das Kind seinen Interessen in einem geeigneten Rahmen nachgehen lassen: in der Familienumgebung, auf dem Spielplatz, in der Natur oder wo immer Sie sich gemeinsam aufhalten. Geben Sie Ihren Schlüsselbund her zum Klappern und Erforschen? Wie viel »Lärm« ertragen Sie gerade? Wie viel können Sie anderen zumuten? Was ist gefährlich oder könnte kaputt gehen? Das alles entscheiden Sie.

Kinder, die selbstständig laufen, brauchen je nach den Umständen beides: Führung und Freiheit. Ein kleines Kind muss im Straßenverkehr sicherheitshalber an der Hand geführt werden, denn es ist noch lange nicht in der Lage, verlässlich die Gefahren durch Autos zu erkennen. In einer sicheren Umgebung dagegen kann es seine Geschwindigkeit und seine kleinen vergnüglichen Ausflüge links und rechts vom Weg allein bestimmen, wenn die Eltern gerade Zeit und Gelegenheit haben, dies zuzulassen. Will das Kind nicht an der Hand laufen, der Erwachsene weiß aber, dass das jetzt nötig ist, zeigt er seine Führungsrolle am besten im

körperlichen und persönlichen Ausdruck. Vielleicht entsteht daraus ein echter Konflikt, wenn beide unterschiedliche Pläne verfolgen. Meistens drücken Eltern sehr viel Klarheit aus, wenn es um Sicherheit im Straßenverkehr geht. Dann fällt es den Kindern leichter, ihnen zu folgen. Innere Klarheit ist eine wichtige Voraussetzung für Führung, die beiden Seiten die Würde erhält. »Gleichwürdig«, so prägte es Jesper Juul, bedeutet: Jede Person kann seine Würde behalten, wird gesehen und zumindest zu verstehen versucht, sie wird ernst genommen und nicht kritisiert oder lächerlich gemacht, nicht als klein oder dumm behandelt. Zugleich ist Klarheit bei unzähligen Situationen im Familienleben oft erst durch wiederholtes Unklarsein zu erlangen. Kinder helfen den Erwachsenen dabei, weil sie durch ihr Verhalten zeigen, dass für sie nicht verständlich ist, was die Eltern wirklich wollen und meinen.

Wenn sich Ihr Kind in einer verstärkten Autonomiephase befindet, kennen Sie wahrscheinlich Situationen, bei denen Sie sehr klar sind und deutlich ausdrücken, was Sie wollen. Hier ist eine persönliche Sprache die wärmste und eindrücklichste Art der Kommunikation: »Ich will, dass du mir deine Hand gibst, wenn wir gleich über die Straße gehen.« Oder: »Ich will, dass du an dieser Straße an meiner Hand gehst, bis wir zu Hause sind.« Und dennoch windet sich Ihr Kind vielleicht und will partout nicht Ihre Hand halten. Dann haben Sie je nach Verfassung verschiedene Möglichkeiten, in die Führung zu gehen. Das Kind nicht zu führen, ist keine Alternative.

Elternfrage: »Mein Kind will nicht an der Hand gehen! Wie kann ich ihm liebevoll vermitteln, dass es nötig ist?«

Sie könnten sich zu Ihrem Kind auf Augenhöhe begeben und in einen Dialog treten, während Sie gleichzeitig Ihre Arme, Hände und/oder Ihren Körper schützend einsetzen, um ein Davonlaufen zu vermeiden. Je jünger ein Kind ist, desto mehr direkte, körperliche Führung braucht es. Später löst immer mehr die Sprache den körperlichen Kontakt als Führungsmittel ab. Wenn Sie ahnen, was Ihr Kind gerade bewegt und daran hindert, Ihrem Wunsch zu entsprechen, ist es eine freundliche und empathische Möglichkeit, den Dialog damit zu beginnen. Spiegeln Sie ihm, dass Sie versuchen, es zu verstehen. Danach braucht es noch mal eine klare Ansage, was Sie wollen. Nun vielleicht einen Moment des Abwartens und die Einladung zum Mitmachen. Auch eine beschränkte Wahlmöglichkeit erleichtert dem Kind die direkte gewünschte Kooperation und ermöglicht es ihm, seine Autonomie in den von Ihnen gesetzten Grenzen zu erleben.

Der Dialog könnte zum Beispiel so aussehen: »Oje, ich sehe, du magst gar nicht an meiner Hand laufen. Du willst allein gehen, ich soll dich nicht festhalten. Und jetzt ärgerst du dich, weil ich das nicht zulasse. Ja, das verstehe ich. Das ist ärgerlich, weil du lieber selbst bestimmen willst. Aber das ist mir zu gefährlich, ich will, dass du hier an meiner Hand läufst. Bitte gib sie mir. (Abwarten). Willst du meine Hand oder auf meinen Arm?«

Wenn Ihr Kind nicht mitmacht, obwohl Sie freundlich und bestimmt, empathisch und klar sind, hat es sicher seine Gründe. Vielleicht hat es sich schon den ganzen Tag nach anderen richten müssen (nach Ihnen oder in der Krippe vielleicht) und hat eher zu viel kooperiert und zu wenig seinen eigenen Interessen und Gefühlen folgen können. Oder es ist schlichtweg zu erschöpft und müde, um Ihren Wünschen folgen zu können. Dann könnte die Wahlmöglichkeit eher sein: »Willst du erst ein wenig ausruhen? Komm, wir schauen zusammen ein wenig den Autos zu.« Oder: »Willst du lieber in den Buggy, um dich auszuruhen, oder willst du selber an meiner Hand laufen?«

Meistens wird sich der Konflikt auflösen. Wenn nicht und wenn es die Situation erfordert, werden Sie sagen, dass Sie jetzt nicht mehr warten: »So, jetzt werde ich ungeduldig, weil ich keine Zeit mehr habe. Ich nehme dich jetzt auf den Arm oder setze dich in den Buggy.« Sollten Sie inzwischen richtig wütend geworden sein, hilft eine klare Ich-Aussage über das eigene Gefühl, ohne die Schuld dabei dem Kind zu geben. Nicht: »Ich bin wütend, weil du wieder nicht gehorchst«, sondern eher: »Ich bin wütend, weil ich jetzt loswill und hier nicht weiterkomme.« Eindruck auf das Kind zu machen, ist etwas anderes, als seine Angst zu wecken.

Was ist hilfreich beim Helfen?

Babys und Kleinkinder sind in sehr vielen Bereichen kompetent: Sie können zeigen, was sie brauchen, wann sie satt sind oder Hunger haben, wann sie genug Zuwendung erhalten haben und ihre Ruhe brauchen, wann sie müde sind, wann sie forschen wollen und wann sie Nähe brauchen; sie können ihr Tempo bestimmen, ihrem Interesse nachgehen, an ihre Grenzen gehen und vieles mehr. Zugleich brauchen sie verlässlich Mutter oder Vater an ihrer Seite, da sie Gefahren nicht einschätzen und große Gefühle noch nicht allein bewältigen können. Auch brauchen sie Unterstützung, wenn sie an die Grenzen ihrer Fähigkeiten und Möglichkeiten stoßen, wie dieses Beispiel zeigt: Das krabbelnde Kind hat sich sehr weit vom Vater wegbewegt, viel erforscht und ist jetzt auf dem Weg zu ihm zurück. Es merkt aber, dass die Kraft nicht mehr ausreicht, und beginnt zu klagen. Der Vater geht deswegen zu ihm und holt es freundlich zu sich. Dabei ist es nicht hilfreich, dem Kind ermutigend die Hände entgegenzustrecken und zu sagen: »Na komm, du schaffst das schon« und dabei abzuwarten. Das Signal des Kindes hat schon deutlich gemacht: »Jetzt kann ich nicht mehr, bitte hol mich ab.« Diese feinen Zeichen erkennen Sie erst nach einer Weile des aufmerksamen Beobachtens.

Zu helfen bedeutet manchmal, etwas für das Kind zu tun, das es vielleicht mit etwas Anstrengung, wiederholten Versuchen und mehr Zeit selbst geschafft hätte. Dies nimmt dem Kind im besten Fall die Möglichkeit eines Erfolgserlebnisses. Wenn es im schlechtesten Fall ein Muster in der Beziehung zum Erwachsenen wird, bekommt es ein Gefühl von Hilflosigkeit und Abhängigkeit. Wird es dabei auch noch kritisiert oder lächerlich gemacht, leidet sein Selbstbild.

Eine feinfühlige Begleitung der Eltern bedeutet auch beim Thema Helfen: Wenn das Kind Hilfe braucht und/oder darum bittet, wird es unterstützt, und nicht schon vorher. Geben Sie nur so viel Hilfe wie nötig, indem Sie zum Beispiel sagen: »Ich halte dir die Schüssel fest, dann kannst du dir selbst etwas rausschöpfen«, statt dem Kind das Essen auf dem Teller zu servieren.

Zum Abschluss noch dieses Beispiel: Ein Kleinkind klettert auf ein Klettergerüst auf dem Spielplatz. Es möchte unbedingt ganz nach oben, schafft es jedoch noch nicht, den Abstand der oberen Sprossen zu überwinden. Es wird unglücklich und ärgerlich darüber und ruft seinen Vater zu Hilfe. Der kommt und sagt: »Du willst da ganz nach oben, schaffst es aber noch nicht. Das ist ärgerlich für dich. Komm, ich nehme Dich wieder runter, dann kannst du noch mal von hier aus klettern, wenn du willst.« Das Kind wird runtergehoben und klettert von Neuem los.

Keine sinnvolle Hilfe wäre es, wenn Sie den Fuß des Kindes führen und ihm zeigen würden, wie es seine Hände und Füße stellen sollte, damit es weiter nach oben kommt. Viel lehrreicher und hilfreicher sind die Versuche und Erfahrungen, die es selbst machen kann. Das geschieht meist auch in einer Höhe, die nicht so gefährlich ist und in der Scheitern eine starke Botschaft hat, aber wenig Risiko. Das stärkt das Kind in seinem Körpergefühl und im Einschätzen seiner Möglichkeiten und Grenzen und ist damit auch eine wichtige Prävention von späteren Unfällen.

Selber, aber nicht allein

Wenn der Wille des Kindes immer stärker erwacht, ist das »Selbermachen« eines seiner wichtigen Bedürfnisse. Es zeigt deutlich sein Autonomiebestreben und hat eine klare Vorstellung davon, wie etwas sein soll. Es will plötzlich selbst die Treppe hochgehen, aber wenn es noch unsicher dabei ist, auf keinen Fall allein. Es will selbst essen, jedoch nicht gern allein am Tisch sitzen. Es will bei den alltäglichen Aufgaben im Haushalt mitmachen, braucht aber auch dabei Begleitung. Allein sein macht kleinen Kindern meist keine Freude (außer sie probieren etwas aus, in das sie ganz versunken sind). Nicht umsonst wird einerseits von der »Hosenbein- und Rockzipfelzeit« im zweiten und dritten Lebensjahr gesprochen, also davon, dass die Kinder an ihren Eltern »kleben«, und andererseits vom Trotzalter, wenn die Kleinen deutlich ihren eigenen Willen bekunden. Viel stimmiger wäre es, dies als »Selber-will-Alter« oder »Ich-will-aber-Alter« zu bezeichnen, da das Ziel des Kindes nicht ist, aus Trotz etwas gegen die Erwachsenen durchzusetzen, sondern seinen Interessen zu folgen und beispielsweise ein Vorhaben zu Ende zu bringen.

Ein Beispiel: Ein Kleinkind versucht, selbst seine Schuhe anzuziehen. Eine ganze Weile probiert es, seinen Fuß in den Schuh zu stecken, mit immer neuen Anläufen, mal richtig herum, mal verkehrt. Es gelingt ihm nicht. Dennoch bleibt es ernsthaft bei der Sache. Die Mutter allerdings will los und bietet Hilfe an, doch das Kind will unbedingt selbst die Schuhe anziehen. Sinnvoll könnte es nun sein, eine kleine Hilfestellung anzubieten, zum Beispiel den Schuh weiter aufzumachen oder festzuhalten oder den Fuß des Kindes vorsichtig mit zu führen.

Es kann durchaus sein, dass Ihr Kind viel Ausdauer hat und wirklich keine Hilfe annehmen will. Dann ist es ihm sehr wichtig, das Projekt selbst zu schaffen. Stellen Sie sich darauf ein, dass vieles, was bisher zügig vonstattenging, nun ein anderes Zeitmanagement erfordert. Im beschriebenen Fall müssen Sie Ihrem Kind wahrscheinlich mitteilen, dass es nun Ihre Hilfe annehmen muss, weil Sie es eilig haben und eingreifen müssen. »Möchtest du meine Hilfe? Welchen Schuh ziehst du dir an und welchen ich?« Wenn Ihr Kind schon verärgert brüllt, wenn Sie nur zum Schuh hinfassen, brauchen Sie wirklich gute Nerven und Verständnis dafür, wie frustrierend es ist, einen Plan, der extrem wichtig ist, nicht zu Ende bringen zu können. »Papa, hilf mir!« oder »Mama, helfen!« sind dagegen deutliche Aufforderungen zum Helfen, die Eltern meist gar nicht ignorieren können und natürlich auch nicht sollen. Aber welche Art von Hilfe ist sinnvoll? Dabei gibt es die beiden Ebenen: »Was ist zu tun?« und »Wie helfe ich?«

Beim Was gilt, so wenig wie möglich zu tun und so viel wie nötig. Wenn es um Krabbeln, Klettern oder Laufen geht und das Kind um Hilfe bittet, ist es am besten, es aus der Situation zu nehmen und von vorn beginnen zu lassen. Wenn Ihr Kind selbst in eine Kiste geklettert ist, wäre es eine kleine Hilfestellung, zum Beispiel ein Stufenpolster hinzulegen, damit es auch selbst wieder heraussteigen kann. Damit käme Ihr Kind einen Schritt weiter, ohne dass Sie es herausheben müssen, und es kann selbstständig mit seiner Tätigkeit fortfahren.

Beim Wie agieren Sie mit freundlichen begleitenden Worten, ohne Kritik und Häme, ohne »Ich habe es doch gleich gesagt, dass es nicht geht« oder »Ich wusste doch, dass du dir wehtun wirst«. Sie reagieren auf die Bitte um Hilfe mit: »Du willst, dass ich dir helfe? Ich kann gern …, dann kannst du weitermachen.«

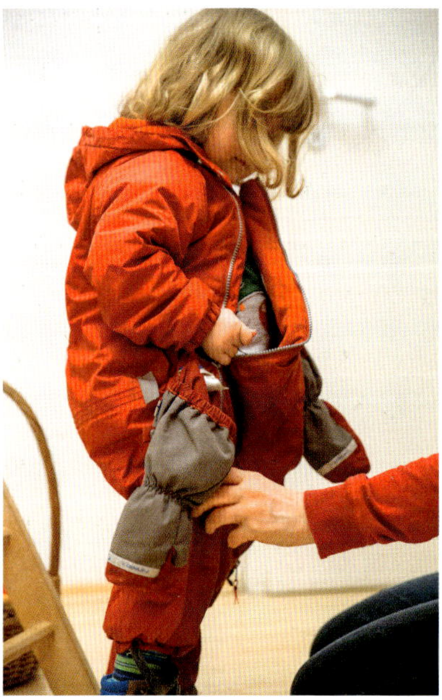

Was aber, wenn sich das Kind ärgert und wütend weint, weil es Ihre Hände nicht bekommt oder auch nicht mehr bekommt, sobald Sie dies beschließen? Dann ist wieder gleichwürdige Führung angebracht, wie so oft, wenn Sie als Eltern lieb gewonnene Gewohnheiten ändern oder abschaffen wollen. Das Kind braucht Ihr Verständnis für sein Gefühl von Ärger oder Wut oder Frustration, es braucht keinen Ärger Ihrerseits darüber, dass es dies oder jenes will. Und es braucht eine kurze Erklärung, was passiert oder nicht passiert: »Oje, jetzt bist du sehr ärgerlich, weil ich dich nicht führe (oder: weil du nicht hier hochklettern darfst). Du kannst dich gern hier festhalten. Das willst du nicht? Na, dann darfst du wirklich ärgerlich sein. Soll ich dich halten oder auf den Arm nehmen? Ich bleibe bei dir, bis es dir wieder besser geht.« Wenn Sie bereits selbst zu ärgerlich geworden sind, um Ihr Kind ruhig zu begleiten, tut Ihnen bestimmt eine Zumiko-Übung gut (Anregungen dafür finden Sie im letzten Kapitel ab Seite 189).

FenKid-Tipp: Wertfreies Beobachten

Viele Informationen über den Stand der Entwicklung Ihres Kindes erhalten Sie in einer Zeit eigener wertfreier Beobachtung, sei es in Kursen oder zu Hause. Wann immer Sie Zeit und Lust haben, aber besonders wenn Sie durch ein Verhalten Ihres Kindes irritiert oder beunruhigt sind, nehmen Sie sich einige Minuten Zeit, sich in die Nähe des Kindes zu setzen und es zu betrachten, als hätten Sie es schon lange nicht mehr gesehen. Es wird Sie anschauen und braucht eine Erklärung wie etwa: »Ich komm ein wenig zu dir und schau dir zu.« Prüfen Sie, ob Sie alles haben, was Sie gerade brauchen, um es sich gemütlich zu machen. Dann atmen Sie in Ruhe ein paar Mal tief durch, vielleicht massieren Sie Ihre Füße oder Ihren Rücken mit einem kleinen Igelball. Und nun richten Sie den Blick von sich zu Ihrem Kind. Wo ist es gerade? Woran ist es interessiert und womit ist es beschäftigt? Welches echte Bedürfnis haben Sie und welches hat Ihr Kind? Schauen Sie nur zu und schieben Sie aufkommende Bewertungen beiseite. Schauen Sie es nicht so direkt an, dass es zu Ihnen kommen muss. Direkte Blicke in die Augen fordern Zuwendung oder Abwendung heraus. Wenn Ihr Kind von allein zu Ihnen kommt, genießen Sie es und warten Sie ab, was es machen möchte. Es kostet manchmal Überwindung abzuwarten und nicht selbst aktiv ein Spiel anzubieten. Wenn Ihr Kind Sie zu einem Spiel einlädt, lassen Sie sich von seinem Interesse und seiner Kreativität führen und überlassen die Spielregie Ihrem Kind. Ein ungerichtetes Zusammensein ohne bestimmtes Ziel erfüllt meist alle Beteiligten mit Freude. Wenn das Kind ein Spiel anbietet, lassen Sie sich von seinem Interesse und seiner Kreativität führen.

Sicherheit und Neugierde

Fallen wird durch Fallen gelernt. Sich geschmeidig abzurollen und sich nicht mit dem Kopf auf dem Boden zu stoßen, wird durch den wiederholten Verlust des Gleichgewichts gelernt. Das übt das Kind bereits ganz früh beim Balancieren in der Seitenlage: Da kippt es manchmal einfach zurück und tut sich dabei nicht sehr weh. Später kommt das Runterrutschen und Rollen über erste Schrägen und Hürden, am besten über stabile feste Polster. Deren Höhe richtig einzuschätzen, lernen kleine Kinder, indem sie zuerst kleine Höhen überwinden, wobei sie der vorwärts gerichtete Blick unterstützt. Zu dieser Zeit robben oder krabbeln Babys gern auf dem großen Bett der Eltern herum. Damit sie nicht herunterfallen, beginnen nun manche Eltern, mit der Hilfestellung »rückwärts runter« oder »Popo zuerst« zu üben. Das Baby wird rechtzeitig herumgedreht, damit es mit den Beinen aufkommt, und bekommt ein dickes Lob. Daran und an dem glücklichen und zufriedenen Gesicht von Mutter oder Vater erkennt es, dass es etwas richtig gemacht hat. Und da es ohnehin gerade Zusammenhänge erforscht, wird es dieses Spiel gern mit diesen Spielregeln weiterspielen. Allerdings können die Eltern nicht sicher sein, dass es nun immer mit Stufen und verschiedenen Höhen so agieren wird, die Erfahrung ist noch nicht verinnerlicht.

Wenn Sie dieses Training zu Hause nicht anbieten und stattdessen den Abstieg vom Elternbett mit Polstern oder Gästematratzen so sichern, dass Ihr Kind fallen kann, ohne sich zu verletzen, wird der Lerneffekt umfassender sein. Es wird auf unterschiedliche Weisen die verschiedenen Formen von Absteigen und Fallen üben und bestimmt mehrmals erschrocken, aber nicht verletzt, auf den Polstern landen. Danach wird es von allein aus eigenem Impuls heraus beginnen, sich ab einer gewissen Höhe umzudrehen, denn es lernt durch unzählige Versuche, die Distanz abzuschätzen. Dies ist ein Zeichen von persönlicher Kompetenz, und diese trägt Ihr Kind weiter in seine nächsten Erfahrungen mit dem eigenen Körper und der Schwerkraft.

Ihr Kind lernt immer am besten und nachhaltigsten, wenn es eigene Erfahrungen machen darf. In einer für das Kind abgesicherten Umgebung fällt es den meisten Eltern leicht, sich zurückzuhalten und es forschen zu lassen. Was aber ist sicher? Ist es noch sicher, wenn das Kind sich wehtun, abrutschen oder aus geringer Höhe fallen kann? Wenn es sich vielleicht sogar eine Beule oder Abschürfung dabei holen kann?

In einigen guten pädagogischen Einrichtungen wird heute Unfallprophylaxe so verstanden, dass Kinder vielerlei unterschiedliche Möglichkeiten geboten bekommen, sich auszuprobieren und Erfahrungen zu sammeln. Die Bewegungs- und Handlungsumgebung wird altersgerecht so interessant und anregend gestaltet, dass Kinder ihre Bewegungslust und Experimentierfreude behalten.

Unfallprophylaxe schließt dabei die Möglichkeit mit ein, tatsächlich zu erkennen und zu spüren, was hoch ist, was hart ist, was rau ist, und Wege zu entwickeln, mit diesen Gegebenheiten umzugehen. Obwohl ein Kleinkind noch sehr lange nicht reale Gefahren durch Geschwindigkeit, Beschleunigung und physikalische Kräfte einschätzen kann und zu Hause oder unterwegs Ihre Begleitung und Ihren Schutz braucht, sollte es doch lernen, eigene körperliche Fähigkeiten und Grenzen durch Ausprobieren umsichtig einzusetzen.

Die sichere Umgebung

Zu Hause ist es eine sehr gute Idee, die Wohnung aus Kinderperspektive auf echte Gefahrenquellen hin zu überprüfen. Sind die Regale, die zum Hochziehen und Klettern einladen, fest in der Wand verankert, sodass sie nicht samt Inhalt auf das Kind stürzen können? Sind die Steckdosen gesichert? Sind herabhängende Kabel unzugänglich, sodass zum Beispiel die schwere Tischlampe am anderen Ende nicht auf das am Kabel ziehende Kind fallen kann? Sobald das Kind Stühle, Hocker oder Kisten zum Klettern verschieben kann, stellt sich die Frage nach Fenstersicherungen und Schutz vor höheren Schränken und ihren Inhalten wie Medikamenten und Putzmitteln. Diese Beispiele sind nur als Anregungen gedacht und noch lange nicht vollständig. Die Umgebung sicher zu gestalten, schützt das Kind zu Hause und schont gleichzeitig die elterlichen Nerven.

Vielleicht fragen Sie sich manchmal, ob Ihr Kind nicht stattdessen besser endlich Ihr Nein zu respektieren lernen sollte? »Nein, lass die Steckdose in Ruhe!« »Nein, nicht an diese Schublade!« Grundsätzlich gibt es sicher viele Gelegenheiten, bei denen Ihr Kind Sicherheitsgrenzen, aber auch Ihre persönlichen Grenzen kennen und respektieren lernen wird. Ein Kleinkind, das gerade seine Selbstwirksamkeit erlebt und sich daran erfreut, wird auch Ihr Nein sehr ausdauernd erforschen und sich immer wieder daran erfreuen, dass es eine solche Wirkung bei Ihnen hervorrufen kann. Es ist in jedem Fall besser, die echten Gefahrenquellen abzusichern. Denn selbst, wenn das Kind lernt, dass Mutter und Vater

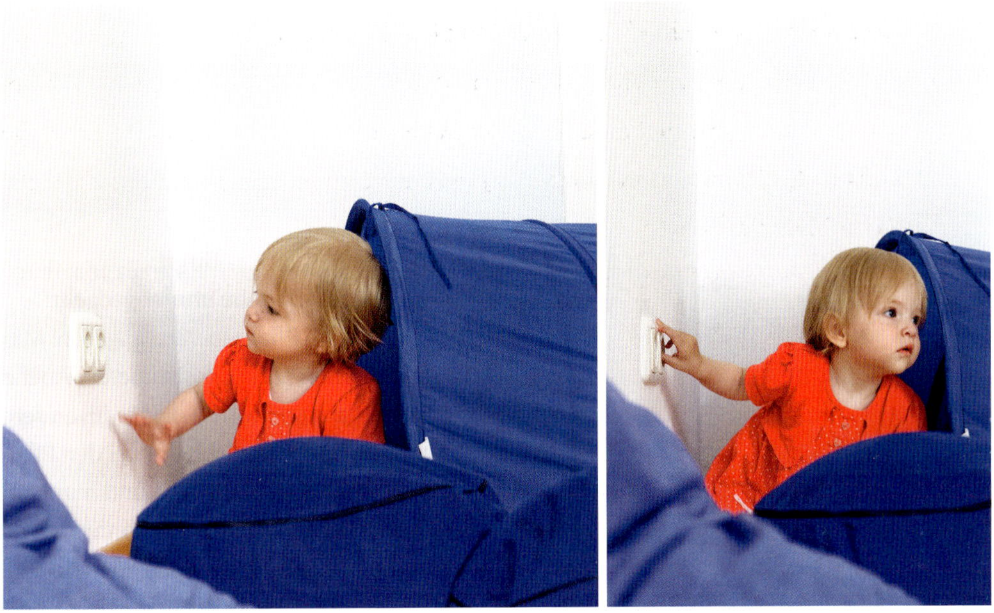

irgendetwas wirklich nicht zulassen und sogar ärgerlich werden, und es dort nicht mehr forscht, wo es »verboten« ist, heißt das noch lange nicht, dass es die Gefährlichkeit dieser Sache einsieht. Es bedeutet zum Beispiel nicht, dass das Kind auch bei Oma oder Opa oder in einer anderen Umgebung grundsätzlich Steckdosen meidet, nur weil es gelernt hat, dass es zu Hause nicht dort herangehen darf. Diesen Transfer kann es in der frühen Zeit nicht leisten.

FenKid-Tipp: Immer neues Lernen

Wenn Ihr Kind gegen Ende des ersten Lebensjahres immer wieder zu Steckdose, Pflanze oder Spülmaschine unterwegs ist und Sie dabei so unglaublich entzückend anlacht, will es Sie nicht austricksen oder ärgern, es zeigt Ihnen: »Ich habe entdeckt, wann auch immer ich dahin krabble, dann kommst du und holst mich weg. Es freut mich so sehr, dass ich das immer schaffe! Ich finde diese Steckdose aber auch so interessant, also muss ich dort ganz oft hin.« Das heißt, dass Ihr Kind gerade in einem intensiven Lernprozess ist, der Ihre beständige Antwort braucht, zum Beispiel, indem Sie es immer wieder dort abholen und sagen: »Ja, stimmt, wenn du zur Steckdose krabbelst, komme ich und hole dich, mein Schatz.« Auch beim hun-

Ich will auch mitmachen!

Kinder wollen meistens dabei sein und bei dem mitmachen, was ihre Eltern tun. Wenn Vater oder Mutter am Herd steht und kocht, steht meist das einjährige Kind am Hosenbein und jammert, weil es nicht auch mitkochen oder zumindest daneben sitzen und genau zuschauen darf, was sich auf der Küchenzeile und auf dem Herd abspielt.

Wenn die Herdplatte heiß ist, ein heißer Topf auf der Arbeitsplatte steht, scharfe Messer daneben liegen, braucht es einen klaren Abstand, zum Beispiel in der Rückentrage, damit das Kind zwar schauen kann, aber nicht an die gefährlichen Dinge herankommt. Will Ihr Kind mitmachen, könnten Sie die Umgebung ändern und den Hochstuhl mit Kind in sicherer Entfernung an die Arbeitsplatte schieben oder Sie setzen sich gemeinsam an einen anderen Tisch, um Gemüse zu schnippeln.

Zwei- und dreijährige Kinder lieben es, bei der Hausarbeit mitzumachen, selbst Gemüse klein zu schneiden, Dinge ein- und auszugießen. So gelangt nebenbei mancher Happen gesunden Gemüses wie von selbst in den Kindermund. Sie können, bevor es gefährlich wird, die Aktivität Ihres Kindes umlenken: »Schau, auf diesem Brett kannst du die Gurke schneiden. »Du willst mit diesem Messer schneiden. Das ist mir zu scharf. Du kannst dieses nehmen.« Oder: Sie halten die Frustration Ihres Kindes aus, wenn es nicht beteiligt sein kann: »Ich weiß, du willst mithelfen und bist jetzt sauer, weil du warten musst, aber ich will das schnell allein machen. Ja, du darfst jammern und dich ärgern. Ich beeile mich etwas ...« Mit Umlenken von Aktivität ist keinesfalls Ablenken gemeint. Ablenken wäre eine komplett andere Tätigkeit vorzuschlagen und die Gedanken des Kindes woandershin zu lenken. Das kann natürlich manches Mal die einzige Idee sein, um die Situation zu befrieden, ist aber grundsätzlich ein erschöpfender Weg. Auf lange Sicht müssen Eltern schon sehr verlockende Angebote als Ablenkung anbieten, und dann wird das Zusammenleben einem Basar ähnlich, auf dem gehandelt, gefeilscht und manches teuer erkauft wird. Das hat nichts mehr mit beziehungsvoller und guter Führung zu tun.

Das Kind mitmachen zu lassen und dabei in sicherem Rahmen zu begleiten, erfordert von Ihnen Umsicht, Flexibilität, Geduld und oft einiges an Zeit. Es kostet aber deutlich mehr Zeit und Nerven, ein wütendes Kleinkind wieder zu beruhigen, als etwas mehr Zeit für die alltäglichen Verrichtungen einzuplanen. Die Freude des Kindes am Lernen und Forschen zu erhalten, bedeutet, das Kind auch dann nicht zu kritisieren oder zu schimpfen, wenn es etwas unternimmt, was Ihnen gefährlich erscheint. Kritik und Beschämung schadet seinem Selbstwertgefühl und vermindern seinen Forscherdrang. Besser Sie hindern es freundlich an dem, was Sie es nicht tun lassen wollen. Ein Kleinkind, das von seinen Eltern immer wieder von der nicht erlaubten Schublade weggeholt wird, wird sich im inneren Zwiespalt befinden. Einerseits will es unbedingt die Schublade erforschen, andererseits wird es beunruhigt, weil es ja weiß, dass seine Eltern das nicht wollen, oder es wird gar Angst haben, wenn diese ärgerlich werden. Wenn Sie das Kind freundlich und bestimmt immer wieder davon wegholen, lernt es durch viele Wiederholungen, was es nicht soll, und freut sich dabei auch noch an seiner Selbstwirksamkeit. Die Entlastung dabei wäre wie gesagt die Raumsicherung. Abstrakte Gefahren lernen Kinder erst sehr viel später einzuschätzen.

»Pass auf!« Elterliche Angst und Fürsorge

Begleitung im Sinne von »selbst, aber nicht allein« kann aus naher Ferne geschehen, wenn Vater oder Mutter das Kind immer wieder im Blick hat (und umgekehrt) und wenn beide in Ruf- und Sprechweite sind. Dies gilt zumindest, solange die Umgebung sicher ist. Begleiten kann auch heißen, dass Sie direkt neben dem Kind sitzen oder stehen, um schnell eingreifen zu können, wenn es gefährlich wird. Begleiten kann auch bedeuten, Vertrauen in die Fähigkeiten des Kindes zu haben und sich abzuwenden, wenn das Kind forscht und Sie nicht direkt dabei braucht. Sie reagieren, wenn das Kind ruft und um Hilfe bittet.

Ein Beispiel aus dem Kurs, das genauso in Wohnung, Haus, Garten oder sicherem Kleinkindspielplatz ablaufen kann: Das Kind klettert auf das Klettergerüst, das für seine Altersgruppe passt. Im Kurs steht dieses Kletterelement in der Mitte des Raumes auf dünnen Matten, die einen eventuellen Sturz abfedern, das Kind aber trotzdem den Boden spüren lassen. Die Eltern sitzen an der Wand, bequem angelehnt, und beobachten ihr Kind bei seinen Unternehmungen. Da die Eltern schon im achtsamen Begleiten geübt sind und das Kind in den vergangenen Wochen und Monaten bei vielen kleinen Kletterexperimenten auf Polstern und Schrägen, beim Robben und Krabbeln begleitet haben, können sie ihm mit einiger räumlicher Distanz folgen. Oft genügt ein Blick vom Kind zu den Eltern, dass es sich gesehen fühlt. Ist der Blick zurück voll Vertrauen, kann das Kind unbelastet und sicher weiter experimentieren. Drücken die Erwachsenen dagegen Angst und Unsicherheit aus, kann das Kind dies ebenfalls verunsichern. Auf seinen Ruf nach Mama oder Papa genügt ein anerkennendes: »Ja, ich sehe dich, du kletterst.«

Ein ängstliches »Pass auf« oder »Halte dich gut fest« oder »Achtung« kann das Kind in einer Situation, in der es seine ganze Konzentration braucht, aus dem Konzept und so erst recht in Gefahr bringen. Wenn es das Kind im Laufe der Zeit immer öfter so von Ihnen hört und ihm trotz der Warnungen nichts passiert, wird es auf Durchzug stellen. Sie werden bald auf »taube Ohren« treffen und eine spätere ersthafte Warnung wird möglicherweise überhört.

Was aber tun mit den Sorgen? Als Eltern haben Sie unterschiedliche Erfahrungen im Leben gemacht, auch mit kleinen und vielleicht größeren Unfällen. Diese Erlebnisse und die Erfahrungen aus der eigenen Kindheit prägen Ihre Einstellung und das Maß Ihres Vertrauens. Wie ist das bei Ihnen: Wurden Sie selbst als Kind gelassen, durften sich die Knie aufschürfen, wurden getröstet und wieder losgeschickt ins nächste Abenteuer? Oder haben Angst und Sorge der Eltern Sie selbst unsicher und ängstlich gemacht oder ausgebremst? Was kann Sie in Ihrer elterlichen Aufgabe unterstützen, Ihrem Kind eigene Erfahrungen zu ermöglichen, die durchaus auch mal leidvoll, aber sehr lehrreich sein können? Vielleicht zunächst einmal die Einsicht, dass kleine schmerzhafte körperliche Erfahrungen zum Kindsein gehören.

Oft ist ein Elternteil ängstlicher als der andere. Dann ist es eine gute Idee, die Kletterexperimente vom weniger ängstlichen Elternteil begleiten zu lassen. Austausch mit anderen Eltern über ihre Sorgen und Ängste ist ebenfalls eine gute Möglichkeit, sich innerlich zu sortieren und zu erkennen, was davon gerechtfertigt ist und dazu dient, echte Gefahrenquellen zu erkennen, zu minimieren und wirklich für Leib und Leben zu sorgen. Wie so oft hilft auch hier das Gefühl: »Nicht nur mir geht es so.« Oder: »Ach, der andere erlebt es ganz anders als ich.«

Wenn das eigene Kind hinfällt und sich die Lippe aufschlägt oder vielleicht überhaupt zum ersten Mal blutet, ist das für Eltern oft länger schlimm als für das Kind. Eltern spüren die Schmerzen wie am eigenen Leib, haben den gleichen Schrecken wie ihr Kind und oft dazu noch den Selbstvorwurf, nicht genügend aufgepasst und den kleinen »Unfall« nicht verhindert zu haben. Aber Eltern können nicht alles verhindern, und es ist nicht ihre Aufgabe, jede Unannehmlichkeit fernzuhalten, indem sie um ihr Kind kreisen und es ständig überwachen. Es geht für Eltern darum, die wirklich schlimmen Gefahrenquellen zu erkennen, diese zu sichern und ansonsten vertrauensvoll Freiraum für Erfahrungen zu gewähren, damit ihr Kind selbstsicher wird.

Es gibt ein Zuviel an Fürsorglichkeit

Die Auswirkungen von zu großer elterlicher Sorge können vielfältig sein:

- Das Kind bekommt zu wenig Möglichkeiten, eigene Erfahrungen zu sammeln und damit selbst Sicherheit zu erlangen.
- Es kann nur wenig Zutrauen in die eigenen Fähigkeiten entwickeln, da bleibt ein Gefühl von: »Wenn die Eltern mich so sehr beschützen, muss ich wohl besonders beschützt werden, irgendwas stimmt wohl nicht mit mir.«
- Es übernimmt die Ängste der Eltern und fühlt sich zugleich vielleicht unterfordert und gebremst.

Sie können die eigenen Impulse – früh helfend eingreifen zu wollen, damit nichts passiert – einfach nur wahrnehmen, ohne gleich zu handeln. Vielleicht fühlt es sich für Sie besser an, bei den ersten Kletterunternehmungen etwas näher heranzurutschen, um das Kind im Fall der Fälle auffangen zu können. Später können Sie etwas mehr Abstand zwischen sich und das Kind bringen. Oder man schiebt ein Kissen unter das Gerüst, um einen weicheren Fall zu gewährleisten. Mit wachsender Sicherheit des Kindes kann man dann bald darauf verzichten. Dies alles sind Hilfestellungen für die Eltern, um mit ihren Ängsten umzugehen, und nichts, was das Kind bräuchte.

Wenn Eltern sich Zeit nehmen, um die zahlreichen Experimente und Wiederholungen von schwierigen Situationen zu betrachten, in denen das Kind ihnen zeigt, wie viel es schafft, ohne sich wehzutun, werden sie lernen, sich in vertrauensvoller Zurückhaltung an seinen Erfolgen zu erfreuen. Und auch wenn etwas passiert und das Vertrauen kurz erschüttert wird, finden Eltern und Kind gemeinsam – das Kind meistens sehr viel schneller – einen Weg, es wieder aufzubauen.

EINE KLEINE GESCHICHTE

Ines erzählt im Kurs, dass sie vor einigen Tagen mit ihrer Tochter Anna wegen einer Platzwunde an der Lippe in die Notaufnahme musste. Die Wunde wurde genäht, und seither ist Ines sehr nervös und ängstlich und hat Sorge, dass Anna sich erneut stoßen könnte.

Anna hingegen ist völlig unbeeindruckt davon. Sie spielt, klettert und geht in engen Kontakt mit den anderen Kindern. Ihre Mutter beobachtet zunächst sehr angespannt das Forschen ihrer Tochter und wird erst allmählich lockerer. Es wird einige Zeit dauern, bis sie den Schreck verdaut hat und den Unternehmungen ihrer Tochter ohne Angst folgen kann.

Beste Quelle für Entfaltung: Halt und Freiraum

Die Entwicklung des Selbstbildes oder Selbstkonzeptes ist ein Prozess, der niemals gänzlich abgeschlossen ist, sondern ein Leben lang anhält. Im Kleinkindalter wird die wichtige Basis dafür gelegt, welches Bild Menschen von sich entwickeln, ob sie sich wertvoll, liebenswert, kompetent und selbstbestimmt erleben. Kinder speichern die Erfahrungen ab, wie ihre Eltern und andere Bezugspersonen ihre Bedürfnisse erkennen, wie hilfreich und liebevoll sie sind. Diese prägen damit auch die Erwartungen an spätere Beziehungen.

Bedürfnisse und Bindung

In den ersten drei Lebensjahren entsteht in einem Kind durch vielzählige Erlebnisse im Kontakt mit wichtigen Bezugspersonen das Fundament des Selbstwertgefühles. Dabei kommt es nicht darauf an, dass die Eltern immerzu »perfekt« auf ihr Kind eingehen, sondern darauf, dass sie grundsätzlich seine echten Bedürfnisse liebevoll befriedigen, dass sie verfügbar sind und sich immer wieder an ihrem Kind freuen.

Interessiert erleben Kleinkinder die Wirksamkeit ihrer Handlung und gelangen zunehmend zu der Erkenntnis, dass sie es sind, die Wirkung und Reaktion sowohl bei anderen Personen, bei Tieren als auch bei materiellen Dingen hervorrufen können. Zum Beispiel bemerkt Ihr Baby bereits beim ersten sozialen Lächeln mit circa sechs Wochen, dass diese Veränderung der Mimik etwas bewirkt, nämlich Ihre Antwort: ein freudiges, begeistertes Zurücklächeln und Kommentieren. Und bald darauf bemerkt Ihr Baby vielleicht, dass es selbst es ist, das die Rassel zum Klappern bringt.

Ab dem zweiten Lebensjahr entwickeln Kinder den großen Willen, etwas selbst zu schaffen und eigene freie Entscheidungen zu treffen. Sie formen somit das Bild von sich als jemandem, der selbst etwas leisten kann und somit selbstständig etwas wollen, planen und ausführen kann. Sie werden sich ihrer selbst als eigenständige Personen mit eigenen Willen wirklich bewusst. Auch wenn dies für

Eltern eine herausfordernde Zeit darstellt, ist diese Autonomiephase, in der das Kind oft vehement etwas anderes will als die Eltern, ein wichtiger Prozess in der Persönlichkeitsentwicklung. Da das Kind nun durchaus weiß, was es will, aber noch nicht entscheiden kann, was tatsächlich gut für es ist, braucht es die Halt und Sicherheit gebenden Eltern.

FenKid-Tipp: An der Erfahrung lernen

Kennen Sie das: Ihr zwei- bis dreijähriges Kind will gern selbst seine Kleidung anziehen und vielleicht auch aussuchen, was es anzieht. Wählt es im regnerischen, kühlen Herbst die Sommersandalen, obwohl Sie zu wärmeren Schuhen raten, lernt Ihr Kind über die kalten, nassen Füße die Folge seiner Entscheidung kennen. Sie sind eine natürliche Konsequenz seiner Entscheidung. Sicher werden Sie anfangs, wenn es wirklich unangenehm geworden ist und Ihr Kind zu lange kalte Füße hätte, für Abhilfe sorgen und die warmen Schuhe aus dem Rucksack zaubern, sobald Ihr Kind fühlt und ausspricht, dass es kalte Füße hat und was Wärmeres bräuchte. Bis dahin aber durfte Ihr Kind sein Lernerlebnis leben, und es wird am stärksten davon profitieren, wenn Sie ohne Schadenfreude, Häme oder Kritik, sondern freundlich die neue Alternative anbieten.

Die Autonomiephase wird trotz besseren Wissens immer noch »Trotzphase« genannt, obwohl Kinder nicht trotzig, sondern ärgerlich, wütend bis verzweifelt sind, wenn sie einen ihnen wichtigen Plan nicht umsetzen oder zu Ende bringen können. Wie bereits angedeutet sollte diese Zeit eher »Selber-will-Alter« genannt werden, denn das Kind wird eigentlich nur selbstständiger, es kann seine Handlungen besser einschätzen und will sie zu Ende bringen. Und es braucht beim Scheitern seiner Pläne Verständnis, Trost und sicheren Halt.

Bindung macht stark

Frau Prof. Fabienne Becker-Stoll, Leiterin des Staatsinstituts für Frühpädagogik (ifp) in München, beschreibt eine sichere Bindung als die früheste Voraussetzung für Entwicklung und Bildung. Die Bindungsforscherin wählt in einem Vortrag das Bild einer Wippe: Das Kind ist entweder in dem Zustand, dass es die Zuwendung und Nähe seiner Bindungsperson braucht, oder in dem, dass es forschen und seine Umwelt erkunden kann. Wenn es sich unwohl fühlt, müde oder hungrig ist, sich wehgetan hat, Angst hat oder über etwas erschrocken ist, braucht es die Nähe zu Mutter, Vater oder einer vertrauten Bindungsperson. Es braucht deren Zuwendung. Wenn sich das Kind dann beruhigen konnte und wieder aufgetankt hat, kann es sich von der Bindungsperson abwenden und sich von dieser sicheren Basis aus neu der nahen oder ferneren Welt zuwenden.

Ein wenig Bindungstheorie

Das Bindungsbestreben des Säuglings ist angeboren, jedes Baby will sich an Mutter und Vater anbinden, sein Überleben und seine gesunde Entwicklung sind davon abhängig. Diese Bindung zur Bezugsperson entwickelt und festigt sich in den ersten drei Lebensjahren, und es ist die Qualität der Beziehung, die Kindern Halt gibt.

Oft fragen sich Eltern, wenn sie auf das Thema Bindung aufmerksam werden, wie das nun genau bei ihrem Kind ist. »Ist mein Kind sicher gebunden?« Zudem entstehen Fragen nach der Art der Bindung. Dazu sei gesagt, dass die Klassifizierung der Bindungsart von den Bindungsforschern in standardisierten Versuchen mit Kleinkindern eingeteilt wurde und im Alltag nicht einfach zu beurteilen ist. Diese Klassifizierungen sind dafür entwickelt worden, Babys, Kleinkindern und Eltern bei schwerwiegenden Belastungen weiterzuhelfen. Bindung ist kein statisches Geschehen, sie kann sich immer, also lebenslang, durch negative oder positive Beziehungserfahrungen verändern. Aber wenn ein Mensch in den ersten Jahren ein sicheres Fundament hinsichtlich der Bindung aufbauen konnte, ist dies ein wesentlicher Schatz und eine schützende Hülle für die Zukunft.

Was bedeutet das für Eltern?

Wichtig für das Sicherheitsgefühl des Kindes, für sein Selbstbild und das Bild von anderen Menschen ist, dass es früh zumindest zu einer vertrauten Person wie Mutter, Vater oder Pflegeeltern eine sichere Bindung aufbauen kann. Dies geschieht durch verlässliche Erfahrungen. Kinder können zu unterschiedlichen Personen unterschiedlich tragende Beziehungen entwickeln, wenn diese sich verlässlich mit genügend Zeit um sie kümmern. Bindung entwickelt sich dabei hierarchisch, das heißt, es gibt meist eine wichtigste Bindungsperson: diejenige, die sich hauptsächlich um das Kind kümmert. Wenn das Kind in Stress kommt, wird es bevorzugt die Nähe dieses Menschen suchen. Andere Bindungspersonen können natürlich auch Trost bieten, sind jedoch oft die »zweite Wahl«.

Das Thema Bindung verunsichert Eltern manchmal, wenn sich das eigene Kind, je nach Charakter oder Entwicklungsphase, sehr anhänglich verhält oder aber forsch ist und gern wegkrabbelt und die Gegend erkundet und vermeintlich früh schon sehr unabhängig agiert. Dieses Verhalten kann grundsätzlich vom Temperament des Kindes herrühren, aber natürlich auch mit der Tageszeit, Müdigkeit und anderen Einflüssen auf die Befindlichkeit zu tun haben. Auch die Tagesform oder Stimmung der Erwachsenen kann das Verhalten des Kindes beeinflussen. Fühlt sich die Mutter unsicher, weil ihr vielleicht eine andere Person im Raum unsympathisch erscheint oder etwas an der Situation Unwohlsein in ihr auslöst, reagiert ihr Kind meist unbewusst genau darauf auch mit Unsicherheit. Grundsätzlich entsteht sichere Bindung durch zuverlässige, prompte Zuwendung und Bedürfnisbefriedigung durch die Eltern oder eine andere nahe Bezugsperson. Je kleiner das Kind, desto rascher braucht es die Antwort auf sein Bedürfnis, da es noch nicht versteht zu warten und auch nicht verstehen würde, dass ein späteres Reagieren tatsächlich die Antwort auf sein Weinen ist. Die Sicherheit in der Beziehung zu den Bezugspersonen befähigt das Kind langfristig, Veränderungen, Unannehmlichkeiten und schwierige Situationen in seinem Leben meistern zu können. Dies zählen Fachleute zur Resilienz. Auch Eltern, die selbst keine sichere Bindung zu ihren Eltern erleben durften, können durch einen fürsorglichen und feinfühligen Umgang mit ihrem Kind diesem eine sichere Bindung bieten und eigene schlechte Erfahrungen dabei »heilen« lassen.

Feinzeichen erkennen

Babys zeigen auf vielerlei Weise durch ihre Körpersprache und mit ihren Lauten, wie es ihnen geht. In den ersten Wochen und Monaten ist es für Eltern die spannendste Aufgabe, ihr Kind verstehen zu lernen, um dessen Bedürfnisse richtig zu interpretieren. Dies geschieht im wechselseitigen Dialog, wobei die Eltern meist unbewusst den Ausdruck ihres Kindes spiegeln und auch die Kinder von Anfang an den Gesichtsausdruck der Eltern kopieren können. Erinnern Sie sich, wie Sie als Antwort auf den Blick Ihres Babys die Augen ebenfalls weit aufgemacht, die Augenbrauen hochgezogen und mit höherer Stimme gesprochen haben? Wie Sie beim ersten Lächeln sofort lächeln mussten? Wie Sie vielleicht auch den Mund verzogen haben, wenn Ihrem Baby etwas nicht geschmeckt hat?

Durch sogenannte Feinzeichen drücken Babys ihre unterschiedlichen Befindlichkeiten aus. Dazu gehören der Blickkontakt, verschiedene behagliche, zufriedene Laute, ein offener, entspannter Mund und ab wenigen Wochen das freundliche Lächeln, wenn es ihm gutgeht. Anfangs erscheint Eltern der Blickkontakt ihres Babys wie ein nicht enden wollender Blick der Liebe. Wenn Sie miteinander

plaudern, wird es bald freudig mitmachen, genau Ihren Mund betrachten und ihre Worte gurrend und tönend begleiten. Das Baby zeigt aber von Anfang an durch Abwenden des Blickes auch, wann es eine Pause in der Kommunikation braucht. Warten Sie dann ein Weilchen, und es wird sich Ihnen mit neuer Kraft wieder zuwenden. Noch etwas später wird es vielleicht mit dem Abwenden des Blickes auch den Kopf zur Seite drehen und Ihnen damit sagen, dass es das ernst meint mit der Pause oder dass es mit etwas fertig ist, zum Beispiel mit dem Essen. Wenn es dem Baby deutlich zu viel wird, zeigt es dies unter Umständen auch mit einem starren Blick in die Ferne.

Wenn es angestrengt ist, erschöpft, müde oder hungrig, werden sich auch seine Laute ändern: Aus dem zufriedenem Gebrabbel werden allmählich Unmutslaute bis hin zum Weinen. Bevor das Baby weint, zeigt es meist durch seine unruhigeren bis hektischen Bewegungen der Arme und Beine an, dass es sich gerade noch selbst regulieren kann. Es beruhigt sich durch die eigenen Bewegungen vielleicht immer wieder eine kleine Weile, aber auch indem es sich selbst vermehrt berührt, an seinem Hemdchen zupft, an sein Ohr fasst, seine Augen reibt oder indem es an seinen Fingern oder der ganzen Hand saugt. Saugen ist wie Bewegung entweder eine Möglichkeit der Selbstregulation oder ein Anzeichen von Hunger.

Auch durch eine schnellere Atmung oder durch Erregungsflecken auf der Haut zeigen Babys, dass sie unruhig werden und Zuwendung, Beruhigung, Brust oder Flasche brauchen, dass vielleicht ihre Windel voll ist und das geändert werden soll, oder dass sie müde sind. Wenn Eltern auf Windeln verzichten und genau beobachten, wann und welche Signale ihr Baby sendet, bevor es Blase oder Darm entleert, reagieren sie sehr präzise auf diese Unruhezeichen. Sie halten das Kind dann zum Beispiel über eine Schüssel oder ein Töpfchen, damit es sich erleichtern kann. Dies braucht die Offenheit, dass dem Baby immer auch eine Windel angezogen werden kann: nämlich in Zeiten, in denen dieses Hineinfühlen nicht gelingen kann, unterwegs zum Beispiel oder wenn die Eltern gerade nicht so aufmerksam sein wollen. Selbst wenn Kinder sich später über Worte ausdrücken können, werden Eltern die frühen individuellen Feinzeichen als Ausdruck kindlicher Befindlichkeit immer wieder erkennen können.

FenKid-Tipp: Babysignale als Sprache vor der Sprache

Wiebke Gericke, die mit dem Kurskonzept »Babysignal« interessierten Eltern und Kindern schon vor der eigentlichen Sprache Gebärden lehrt, antwortet auf die Frage, wann mit diesen Gebärden begonnen werden kann: »Der Zeitpunkt ist da, wenn die Eltern so weit sind. Es sollten zwei Seiten beleuchtet werden, einmal, wie hoch die tatsächliche Motivation ist, denn es dauert durchaus einige Zeit, bis ein Baby darauf eingehen wird. Zum anderen kommt es darauf an, wie wach das Kind für diese Kommunikationsform ist.« Mit einfachen Gesten und Gebärden können Eltern als Ergänzung zur Sprache im zweiten Halbjahr beginnen. Jedoch ist dies erst zu empfehlen, wenn Sie wirklich sicher mit den eigenen Feinzeichen Ihres Kindes und vertraut im Umgang miteinander sind. Besonders im zweiten und dritten Lebensjahr, wenn die Kinder ihre Freude an Mitmachliedern und Gesten deutlich zeigen, kann diese schöne Möglichkeit, sich zusätzlich zu den ersten Worten mit Gesten und Gebärden zu verständigen, bereichernd sein. Solange Sie alle Freude haben und keinen Druck erleben, kann damit nichts schiefgehen.

Kein Baby weint ohne Grund

Das eigene Baby weinen zu hören, trifft Eltern bis ins Mark. Das soll es auch, denn es ist das Signal, dass es sie wirklich braucht. Sobald Eltern sich ihm zuwenden und es trösten und beruhigen, hört das Schreien meist ganz schnell auf. Wenn das Weinen ignoriert und übergangen wird, kann es sein, dass sich das Baby noch lauter beschweren wird und sich länger nicht beruhigen lässt. Es kann aber auch sein, dass es aufgibt, sich überhaupt zu melden. Wenn es jedoch früh gehört wird und schnell eine Antwort bekommt, erlebt es sich als kompetent.

Warum weint mein Baby?

Wenn ein Baby vor Hunger weint, hat es vorher schon viele kleine Zeichen gegeben und hat nun wirklich ein kräftiges Begehren nach Nahrung. Weint Ihr Baby, obwohl es satt ist, könnte der nächste Blick zur Windel gehen: Muss sie gewechselt werden? Manche Babys fühlen sich nicht wohl, wenn die Windel in Rückenlage zu eng zugemacht wurde, weil sich im Liegen beim Wickeln der Bauch ja nicht vorwölbt und die Windel deshalb oftmals spannt und drückt, sobald das Baby hochgenommen wird und der Atemfluss behindert wird.

Lässt sich Ihr Kind nicht so schnell wie üblich beruhigen und weint es besonders schrill oder klagend, kann es sein, dass es Schmerzen hat. Dann presst es vielleicht auch die Augen zusammen, hat Fältchen um Augen und Mund und verkrampfte Lippen und Zunge, es hält seine Daumen im Fäustchen ganz fest verschlossen und spreizt vielleicht seine großen Zehen weit ab (dies sind Anzeichen für Schmerzen von Babys, wie sie die Liverpooler Kinderärzte der John Moores University aufgelistet haben, beschrieben in *Babys erstes Jahr* von Vivian Weigert und Franz Paky). Fühlen oder prüfen Sie in solchen Momenten die Temperatur, beobachten Sie die Gesichtsfarbe und die Fontanelle des Babys. Ist sie im Liegen leicht nach innen gewölbt, kann es sein, dass Flüssigkeit fehlt. Dann sollten Sie stillen oder Fläschchen geben. Weitere Signale zu Schmerzen von Kindern und wertvolle Hinweise finden Sie im oben genannten Buch von unserer Kollegin, der Autorin und Mitinitiatorin unserer Beratungsstelle, Vivian Weigert.

Schreit ein Baby in den ersten drei bis vier Monaten so intensiv, dass sie es lange nicht trösten können, kommen Eltern in tiefe Not. Wenn nichts von dem hilft, was sie an Gutem anzubieten haben, liegt es nicht am Verhalten der Eltern und nicht daran, dass das Baby schon verwöhnt reagiert. Es kann die unterschiedlichsten Ursachen haben. Daher ist es gut, sich Beratung und Hilfe zu holen; in vielen Städten gibt es mittlerweile Schreibaby-Sprechstunden. Auf jeden Fall brauchen die Eltern dann insbesondere Hilfe, um sich selbst in Pausen beruhigen zu können – bevor aus einem Hopsen auf dem Pezziball ein Schütteln wird. Vivian Weigert, die viele Jahre unsere Schreibaby-Beratung geleitet hat, sagt dazu: »Die Ursachen für unstillbares Schreien sind breit gefächert, etwa eine Verrenkung der Halswirbelsäule oder eine übermäßige Gewebespannung, eine Refluxstörung oder die Bewältigung hoher Stressbelastungen während Schwangerschaft und Geburt.«

Ist das Baby bereits sehr aufmerksam, kann es recht schnell Zeichen von Übererregung durch zu viele Reize zeigen. Auch dann wird es weinen und unruhig sein. Spätestens dann sollten Sie Ihr Kind nicht mit dem Blick nach vorn tragen

oder im Kinderwagen nach vorn schieben, sondern es zur Beruhigung aufnehmen und an Ihr Herz legen. Es wird den Körperkontakt genießen und sich beruhigen. Ist es erschrocken und weint, ist es vielleicht auch ganz aufgeregt und verängstigt. Dann ist es beruhigend, wenn Sie es im Arm halten und leise besänftigende Zischlaute machen oder es auch mit einem schönen Singsang in die Ruhe begleiten.

Weinerlich ist ein Kind auch, wenn es wächst und vor oder in großen Entwicklungsschüben steckt. Dann kann es sehr anhänglich werden und braucht von Ihnen die stärkende Erlaubnis, wieder öfter Ihre Nähe suchen zu dürfen. Meist kommt das nach den Phasen, in denen es sich gut selbst beschäftigen konnte oder ausschweifend auf Entdeckungsreisen ging. Dadurch konnten Sie etwas durchatmen, weil seinerseits nicht so viel Nähe gesucht wurde. Und gerade darum wird es für Sie jetzt vielleicht schwieriger, die neue Anhänglichkeit zu akzeptieren. Wenn Sie verstehen, wie wichtig Sie in diesen Wachstumskrisen für Ihr Kind sind, wird es Ihnen beiden leichter ums Herz. Sie sind der sichere Hafen, in den das Segelboot vor dem Sturm einlaufen kann.

Und was kann ich noch tun?

All die verschiedenen Arten des Weinens werden Sie mit der Zeit kennenlernen. Das Weinen aus Hunger, aus Frust, aus Langeweile bis zu dem zur reinen Entlastung. Wenn die Feinzeichen von Ihnen abgeklärt wurden, wenn Sie also wissen, dass das Baby weder krank ist noch hungrig oder müde, und dass es ihm nicht zu kalt oder zu warm ist, überlegen Sie einmal für sich selbst, wie Sie gern beruhigt werden würden, wenn Ihnen alles zu viel ist: Wie viel Schuckeln, Tätscheln, Hin- und Herlaufen oder Abgelenktwerden würden Sie ertragen? Oder würden Sie sich wohler fühlen, einfach weinen zu dürfen, ohne es zurückhalten, wegdrängen oder übergehen zu müssen? Manchmal ist es einer der besten Wege, dem Baby Ihr inneres Einverständnis dafür zu geben, nun in Ihren Armen weinen zu dürfen. Es gibt keinen besseren Ort, um Ihr Kind tröstend zu begleiten – sofern Sie es aushalten können. Einem von beiden, Vater oder Mutter, gelingt

es meist besser. Eltern werden sicher und ruhiger, wenn sie erleben, dass sie ihr Kind beruhigen können und erfolgreich in dessen Bedürfnisbefriedigung sind. Wenn das Baby übermäßig weint oder sich andere Probleme wie Schlafmangel und Vorwürfe dazu aufbauen, wird nicht selten auch die Beziehung der Eltern belastet. Sie brauchen dann vor allem ein Netz, das trägt, damit sie auch Ruhepausen für sich bekommen, und unter Umständen gute Begleitung durch ehrenamtlich Helfende oder Beratung durch Fachleute.

Aufmerksamkeit

Trotz der vielfältigen, täglichen Berührungspunkte, die alle Familienmitglieder miteinander in Kontakt bringen, ist es möglich, sich ab und zu verloren zu gehen. Das geschieht zum Beispiel durch unterschiedliche Arbeitszeiten. Obwohl manche Firmen die Vereinbarkeit von Beruf und Familie als Ziel formuliert haben, auch um ihre Mitarbeiter länger bei sich halten zu können, ist es doch oft schwierig, Rücksicht auf die Schlaf- und Essgewohnheiten der Kinder und die wichtigen Rhythmen im Familienleben zu nehmen. So werden für den Kontakt untereinander die neuen Medien genutzt. Es ist eine große Herausforderung in unserer von Medien erfüllten Lebensweise, uns selbst zu »disziplinieren«, indem wir das Gute daran nutzen und das Schlechte minimieren. Der leichte Zugang zu elektronischen Kommunikationsmedien ermöglicht dem Elternteil, das beim Kind ist, überall schnell in Kontakt mit anderen zu kommen. Das hilft, mögliche Gefühle von Einsamkeit zu vermeiden oder zu überbrücken. Wenn die Erwachsenen aber den Zugang zu Smartphone und Tablet immer offen halten, lassen sie zu, ständig unterbrochen zu werden. Dieses Verhalten wird dem Kind signalisieren, dass es für Vater oder Mutter etwas Wichtigeres gibt, das einen gerade erlebten guten Kontakt jederzeit – zwar oft nur kurz, aber dafür häufig – unterbrechen kann, und es wird die Eltern auch hierbei früher oder später nachahmen.

Jesper Juul schreibt dazu – nach der Auswertung einer dänischen Studie 2016 zum Thema Smartphones – in einem Artikel, dass täglich in den wenigen Stunden, die Kinder überhaupt mit ihren Eltern verbringen, immer öfter Folgendes passiert: Die Kinder möchten ihren Eltern eine Frage stellen, sie möchten ihnen etwas erzählen oder auf etwas antworten, was die Eltern gerade sagten, und sie bekommen zu hören: »Entschuldige, Schatz, da muss ich rangehen.« Kurzfristig gesehen frustriert dieses Verhalten die Kinder. Wenn ihre Eltern sie zurückweisen, fühlen sie sich einfach traurig, enttäuscht oder wütend. Was Kinder aber immer tun, ist: Sie fangen an, sich an die Verhaltensweise des Erwachsenen anzupassen. Zuerst treten sie zurück und hoffen, aber letztendlich geben sie auf und probieren es nicht mehr. Die Eltern zu vermissen, obwohl sie da sind, hat jedoch weitreichende Folgen. Mit etwa drei Jahren fangen die Kinder dann an, die Verhaltensweise der Erwachsenen zu kopieren und fokussieren sich auf ihre eigenen Bildschirme – auf Tablets, den Fernseher und später das eigene Smartphone.

Schon ein Baby braucht es dringend, dass Sie sich ihm zu gewissen Zeiten ganz zuwenden, ohne nebenbei die Wäsche zu machen oder Familie und Arbeit zu organisieren. Auch das Kleinkind braucht es mehrmals am Tag, dass es gemeinsam mit Vater und Mutter freie ungefüllte Zeit verbringt. Diese Erfahrung ist unermesslich wertvoll und nachhaltig.

PERSPEKTIVWECHSEL

Vater: *Endlich bin ich mit Luis draußen und er kann spielen. Und hoffentlich komme ich nun dazu, die letzten vertraglichen Unstimmigkeiten mit der Kollegin im Büro abzustimmen. Luis macht das allein schon ganz gut da im Sand. Oh nein, jetzt kommt er zu mir gelaufen und will auf meinen Schoß! Das kann ich gar nicht gebrauchen. Ich muss doch telefonieren.*

»Nein, Luis, das Smartphone bekommst du nicht. Schau, da sind so viele Spielsachen und andere Kinder im Sand.«

Vater: *Na gut, dann schreibe ich halt doch später die Nachrichten.*

Kleinkind: *Der Spielplatz gefällt mir, aber ich will den Papa bei mir haben. Alles ging so schnell nach dem Aufwachen, gleich essen und anziehen und los. Dann waren wir ganz schnell unterwegs, es hat ganz schön gerüttelt in dem Buggy und nun weiß ich noch gar nicht, was ich hier machen soll. Ich brauch den Papa, ich will noch kuscheln. Der hat das schöne Ding in der Hand, mit dem er so gern spielt. Das will ich auch, das leuchtet so schön und muss was Besonderes sein.*

Elternfrage: »Hab ich nicht genug gegeben oder etwas übersehen, wenn mein Kind so anhänglich ist?«

Kinder haben kein Problem damit, sich viel Aufmerksamkeit von den Eltern zu wünschen. Für Eltern ist es hingegen sehr oft schwer zu entscheiden, ob ihre Kinder tatsächlich so viel brauchen, vor allem, wenn sie selbst gerade nicht so viel geben können. Es braucht ein Abwägen und oft eine klare Entscheidung zwischen dem, was sie ihrem Kind geben können, und dem, was das Kind gern hätte. Die Beweggründe des Kindes können im Beobachten entdeckt werden. Ist Langeweile der Auslöser, die manchmal einem kreativen Impuls vorangeht? Oder ist da ein besonderes Anliegen wie Hunger, Müdigkeit, Zahnschmerzen oder Ähnliches, auf das eingegangen werden sollte?

Austausch unter Eltern im Kurs zum Thema Anhänglichkeit

Steffi:
»Nun habe ich Greta so viel Aufmerksamkeit gegeben und sie will doch nicht von mir weg. Sie will getragen werden oder klettert an mir herum, und wenn ich mich nur ein bisschen wegbewege, weint sie. Ich halte das fast nicht mehr aus! Kennt ihr das auch? Und womit hängt das für euch zusammen?«

Susanne:
»Ich war mit der Auswahl der Krippe und dem damit verbundenen Einstieg in den Beruf beschäftigt. Und hatte ein ganz schlechtes Gewissen und jetzt schon so ein trauriges Gefühl des Abschieds.«

Anne:
»Pia gibt seit Kurzem sehr viele neue Zeichen, deutet viel auf verschiedene Dinge und ahmt im Bilderbuch die Tiere nach. Insgesamt braucht sie offenbar grad mehr Nähe.«

Barbara:
»Ich habe gemerkt, dass Felix mich ›überwacht‹ hat, nachdem ich abends ein paar Mal ausgegangen war. Da konnte ich kaum mehr kurz allein aus dem Zimmer gehen.«

Lisa:
»Ich habe rausgefunden, dass meine Tochter meine Nähe suchte, weil ich selbst zwar neben ihr war und scheinbar immer da, mich aber in meinen Überlegungen sehr viel mit dem bevorstehenden Umzug beschäftigt habe.«

Bis auf Pia, die aufgrund eines Entwicklungsschubs aus sich heraus viel Neues entdeckt und deshalb auch wieder viel mehr Nähe suchte, zeigten die anderen Kinder, wie eng sie mit dem Erleben der Mutter verbunden sind. Lisas Tochter wurde wieder aktiver, als ihrer Mutter klar wurde, dass sie gedanklich oft abwesend und so nur selten emotional erreichbar war. Barbaras elfmonatiger Sohn war erschrocken, als beim Aufwachen nachts »nur die Oma« da war. Das passte zu seinem Entwicklungsstand, in dem er noch nicht ganz sicher ist, dass die Mutter wiederkommt. Nun musste er mehrmals überprüfen, dass sie nicht wieder zu weit von ihm wegging. Als sich Susanne mit dem Übergang ins Krippenleben detaillierter beschäftigt hatte, wurden beide wieder sicherer.

PERSPEKTIVWECHSEL

Kleinkind: *Ich habe so viele Sandkuchen gebacken, viele Steine gewogen und geschmissen, in den Mund gesteckt und vielfach mit anderen Kindern um den Eimer gerungen. Ich könnte endlos weitermachen, aber meine Beine werden wackelig, ich falle oft, das tut weh und ärgert mich und mein Bauch fühlt sich so leer an … Den Bagger da drüben hol ich mir aber noch …*

Mutter: *Jetzt war ich den ganzen Nachmittag mit der Kleinen unterwegs. Der Spielplatz war heute so überlaufen, es war richtig anstrengend. Es ist so schön zu sehen, wie Ella langsam Lust auf die anderen Kinder bekommt. Ihr zuzuschauen, wie sie selbst losgeht, macht mich froh. Aber so viele Mütter und Väter mischen sich so früh ein, das stresst mich. Dann wollte Ella nicht heim, obwohl sie schon so viel gefallen war, und ich musste mit ihr darum kämpfen, dass wir gehen können. Noch schnell Brot holen und dann nach Hause. Die Wäsche wartet und das Essen muss noch vorbereitet werden. Eigentlich bin ich jetzt schon müde. Hoffentlich will sie zu Hause nicht dauernd auf den Arm, spielt noch ein Weilchen für sich und lässt mich in Ruhe, ich war ja die ganze Zeit nur für sie da, oder?*

Kleinkind: *Nun bin ich müde und ruh mich ein wenig aus im Buggy, aber es gibt auch hier so viel zu sehen. Ui, der Hund und da die bunte Frau. Zu Hause will ich* *endlich meine Mutter fühlen, riechen, ganz nah bei ihr sein. Ich war ja viel beschäftigt und die andern Kinder waren anstrengend. Essen und Kuscheln und dann vielleicht wieder was bauen …*

Mutter: *Ich glaube, ich mache es heute mal anders: Ich räume die Einkäufe schnell weg, den Rest mach ich später und setze mich erst mal mit Ella ins Zimmer, genauso wie im FenKid-Kurs auf den Boden. Singen und ein Buch anschauen, das tut uns beiden jetzt erst mal wohler. Da ist was dran: Erst mal kuscheln, bevor die Routine abläuft und wir beide nicht das bekommen, was wir wollen, und ich nur noch nervöser werde.*

Echte Bedürfnisse

Babys sind darauf angewiesen, dass Eltern oder liebevolle Bezugspersonen zuverlässig für ihre Grundbedürfnisse sorgen. Ohne groß darüber zu reflektieren, stellen Eltern ihre eigenen Bedürfnisse in der frühen Zeit zurück. Babys und Kleinkinder können ihre Bedürfnisse zwar zeigen, aber selbst eben nicht befriedigen. Da sind die körperlichen Bedürfnisse wie Sattwerden bei Hunger und Durst, sicher und ruhig schlafen zu dürfen bei Müdigkeit, es warm genug zu haben, sauber und trocken zu sein, keine Schmerzen zu fühlen. Babys haben nur in geringem Maße die Möglichkeit, sich selbst zu regulieren, wenn Unwohlsein und Aufregung beginnen, sie brauchen bei größerer Erregung unbedingt eine vertraute Person, um zur Ruhe zu kommen. Die Präsenz und Begleitung durch einen Erwachsenen bei Stress und Aufregung bleibt aber auch im Kleinkindalter absolut notwendig, damit sie mit intensiveren Gefühlen umgehen und sie aushalten können. Psychisch haben Kinder das Bedürfnis nach Zugehörigkeit, Anerkennung und Wertschätzung sowie das Bedürfnis, sich weiterzuentwickeln, also zu spielen und zu lernen, um sich und die Welt zu verstehen und mitzugestalten.

Vieles ist von Natur aus glücklicherweise durch hilfreiche Hormone genau so angelegt, dass Babys wachsen und gedeihen und ihre Eltern für sie sorgen.

Bereits gegen Ende der Schwangerschaft stellt sich der Schlafrhythmus der Mutter um, sodass sie öfter aufwacht und nicht mehr so tief schläft, was dazu führt, dass sie dann für das kleine Baby nachts feine Antennen hat. Nächtliches Stillen führt oft dazu, dass Mutter und Kind ihren Schlafrhythmus angleichen, gemeinsam mehrmals gleichzeitig aufwachen und wieder einschlafen, es ist wie ein gemeinsamer Tanz. Hormonausschüttungen zum Beispiel von Oxytocin vor, während und nach der Geburt unterstützen den Geburtsverlauf, regen den Milchfluss an und sorgen dafür, dass das Fürsorgeverhalten der Mutter angeregt wird. Das gleiche Hormon wird bei uns allen über liebevollen Körperkontakt, Streicheln und Kuscheln, durch angenehme Sinneswahrnehmungen und auch das Singen produziert, bei Eltern sichert es auf unbewusster Ebene die Fürsorge. Selbst wenn die Geburt traumatisch war oder eine frühe Trennung stattfinden musste, kann ein warmer, ungestörter Kontakt, sobald er Mutter oder Vater wieder möglich ist, Schritt für Schritt die freudvolle Einstimmung auf das Baby befördern und immer neu zum liebevollen Kuscheln anregen. Eine gute Beziehung zu leben, ist ein wichtiger Gesundheitsfaktor!

In der ersten Zeit mit dem Baby schöpfen Eltern oft noch aus früheren Kraftreserven, um den 24-Stundenjob Elternsein meistern zu können, mit weniger Schlaf auszukommen und die Rundumversorgung zu gewährleisten. Meist schläft das Baby noch viel und für die Eltern ergeben sich ebenfalls Möglichkeiten zu Pausen, Powernaps und dem Auftanken.

Eigene Kraftreserven auffüllen

Oft zeigt sich die Erschöpfung der Eltern erst deutlich, wenn das Baby ein halbes Jahr alt ist. Dann wird es noch wichtiger, sich als Eltern Zeiten zu etablieren, in denen sich die Reserven wieder auffüllen können. Denn diese sehr entwicklungsaktive und gleichzeitig bedürftige Zeit des Babys dauert noch eine ganze Weile an.

Die elterlichen Grundbedürfnisse nach Nähe, Schlaf, Nahrung, Wärme, Erholung, geselligem Beisammensein sind genauso wichtig wie die der Kinder. Sie eine Weile zurückzustellen, ist für viele keine Frage und dennoch anstrengend

und manchmal frustrierend. Trotzdem ist es in der ersten Zeit meist nötig und braucht Unterstützung von Verwandten und Freunden. Gut zu wissen (und sich immer wieder bewusst zu machen), dass diese Zeit nicht von Dauer ist. Das gemeinsam Erlebte und die Freude am Gedeihen des Kindes wird die Eltern meist ohnehin mit den Strapazen versöhnen.

Bedürfnisse abwägen

Im zweiten Lebensjahr, wenn das Kind langsam selbstständiger wird und allmählich zeitliche Abfolgen einordnen kann, wird es notwendig, die unterschiedlichen Bedürfnisse abzuwägen und sich als Eltern nicht immer hintanzustellen. Nun kann das kleine Kind auch mal quengelnd, wenn möglich durch verständnisvolle Worte begleitet, neben dem Vater warten, bis er fertig gekocht oder andere dringende Dinge erledigt hat, bevor er es auf den Arm nehmen kann. Und es ist dem Kind auch zuzumuten, sich zeitweise mit anderen Bezugspersonen, die es gut genug kennt und bei denen es sich sicher fühlt, zufriedenzugeben – ganz nach emotionaler Bedürftigkeit, Tagesform und gesundheitlichem Befinden. Das Bedürfnis der Eltern, sich wieder mehr um sich zu kümmern, sich Auszeiten durch eine Kinderbetreuung zu organisieren und Paarzeiten zu etablieren, geht meist stimmig mit der Entwicklung der Kinder einher, mit dem, was sie inzwischen aushalten und mitmachen können.

Im Laufe der Elternzeit werden Sie sicher immer wieder abwägen müssen, wie wichtig ein bestimmter Wunsch für Ihr Kind ist. Ebenso müssen Sie entscheiden, ob Sie den Wunsch gern erfüllen oder ob Sie erst darüber nachdenken wollen, ob Ihre Antwort guten Gewissens ein Nein sein kann, weil Ihr eigenes entgegengesetztes Bedürfnis für Sie momentan wichtiger ist. Darüber zu entscheiden ist oft nicht leicht und bedeutet, genau hinzuschauen und hinzuspüren und sich dann für eine stimmige Lösung zu entscheiden. Wünsche dürfen, aber müssen Sie als Mutter oder Vater nicht unbedingt erfüllen. Ein echtes Bedürfnis des Kindes oder des Erwachsenen aber sollte nicht zu oft hintangestellt werden.

Lassen Sie uns einige Beispiele mit zwei- und dreijährigen Kindern betrachten, bei denen der Unterschied zwischen Bedürfnis und Wunsch deutlich wird. Nehmen wir an, das Kind möchte eine Süßigkeit. Das Bedürfnis dahinter ist vielleicht Hunger, der bald gestillt werden muss. Kleine Kinder brauchen öfter als Erwachsene Kalorien in Form von kleineren Zwischenmahlzeiten. Das müssen und sollten aber natürlich keine Süßigkeiten sein. So könnte die Mutter antworten: »Ah, ich verstehe, du hast Hunger und möchtest gern Schokolade. Die will ich dir nicht geben, aber du kannst ein Müsli essen.«

Will ein kleines Kind mit hoch auf die Küchenarbeitsplatte und mitkochen, kann dahinter vielleicht das Bedürfnis nach Nähe stecken, oder es will »selber machen«. Nähe kann Vater oder Mutter auch dadurch geben, dass sich das Kind einfach neben ihm/ihr beschäftigen kann: »Aha, du willst bei mir sein, ich will das hier aber jetzt fertig machen. Du kannst dich hierhin setzen und damit hier spielen.« Will das Kind seine Kompetenz ausleben, indem es das, was Mutter oder Vater tun, selbst machen will, könnte man eine andere Lösung finden: »Hier oben kannst du nicht sein, aber schau mal, du könntest dich an den kleinen Tisch setzen und die Gurke schnippeln. Oder findest du einen anderen Platz?«

Will das Kind mit Ihnen spielen, aber Sie wollen sich lieber erst mit Ihrem Partner austauschen oder erst einmal einen Kaffee trinken? Dahinter steckt wahrscheinlich beim Kind das Bedürfnis nach Nähe und Zugehörigkeit. Wieder müssen Sie abwägen zwischen Ihren beiden Bedürfnissen, und Sie kommen möglicherweise zu dem Schluss, dass Ihr Kind jetzt nicht das bekommt, was es will, aber durchaus das, was es braucht: »Ich will erst mal die Kaffeemaschine anmachen und spiele jetzt nicht mit dir. Du kannst dich aber zu mir setzen und spielen. Möchtest du auch etwas trinken? Nachher habe ich Zeit.«

Elternfrage: »Sollte ich mit meinem Kind spielen, auch wenn ich das nicht mag?«

»Lion, mein fast dreijähriger Sohn, will immer mit mir spielen. Ich zwinge mich dann dazu, aber ich mach das nicht gern. Sollte ich es dennoch machen? Fördere ich ihn sonst nicht genug oder bremse ich ihn in seiner Entwicklung? Es ist für mich so langweilig und mühsam, ich muss immer genau das machen, was er sagt, und wenn ich es falsch mache, dann regt er sich wahnsinnig auf.«

Spielen ist ein mächtiger Antrieb des Lernens. Eltern spüren die Wichtigkeit dahinter und erleben dennoch, wie sich etwas in ihnen sträubt, wenn ihr Kind immer wieder die gleichen Spiele mit ihnen erleben will. Vielleicht, weil über sie bestimmt wird und weil es langweilig wird, wenn sie nicht selbst mitsteuern dürfen, oder weil das Spiel nicht ihren Ideen als Erwachsene entspricht. Wenn Eltern verstehen, dass sie nichts anderes machen müssten, als die Anweisung beim Spielen zu befolgen, ohne eigene Weiterentwicklungsideen oder Moral hineinzupacken und ohne lehrreiche Ereignisse einzubauen, dann würde es sehr viel leichter. Dann könnten sie mit den Ansagen des Kindes mitgehen, sich führen lassen und dabei ihr Kind genießen. Das könnte ein großes Geschenk der Eltern an ihr Kind sein, denn mit hingabebereiten wohlwollenden Erwachsenen, kann das Kind seine volle Gestaltungskraft und Führungsenergie ausleben. Für die strukturellen Denkprozesse, die das Kind in den intensiven Spielphasen erlebt und übt, braucht es Zeit, Gelegenheit und viele Wiederholungen. Wenn Eltern keine Lust haben, hört das Kind oft: »Ja, kurz«, »Ja, aber nur so lange, bis …«, »Jetzt nicht« oder Ähnliches. Wenn Ihnen das bekannt vorkommt, könnten Sie es anders versuchen, indem Sie einmal probeweise so lange mitspielen, bis das Kind zeigt, dass es zu Ende gespielt hat und sein Krug mit Kreativität und Regiekompetenz gefüllt ist.

Unter gleichaltrigen Kindern wird in den Spielen auch die Kunst des Verhandelns geübt, wenn sie in der gleichen Entwicklungsstufe stehen. Sie lernen darüber, sich anzupassen oder durchzusetzen, was nicht ohne Konflikte abgehen kann.

Kommunikation und das Setzen von Grenzen

Wenn Sie mit Ihrem Kind in der Öffentlichkeit oder auch im weiteren familiären Umfeld einen Konflikt austragen, wenn Ihr Kind außer sich vor Wut gerät und es dabei recht laut zugeht, dann werden Sie sicher nicht nur einmal den Rat bekommen: »Das Kind braucht mehr Grenzen!« Wenn Sie im Freundeskreis trotz eines müden Kindes noch gemütlich beisammensitzen wollen, es aber zunehmend unzufrieden, quengelnd und fordernd wird, weil es ihm schon längst genug Anregung ist oder es sich langweilt, hören Sie diesen Satz vielleicht auch.

Worum geht es dann eigentlich? Soll das Kind einfach mal ruhig sein? Soll es sich anpassen und verstehen, dass Mutter oder Vater jetzt etwas anderes brauchen? Soll es mitmachen, ohne zu jammern? Was wünschen Sie oder die anderen sich, wenn sie nach Grenzen rufen? Meist zeigt diese Forderung, dass die Erwachsenen müde sind, dass das Kind sie gerade stört und sie Ruhe haben wollen.

Das ist ein legitimer Wunsch, jedoch berücksichtigt er die Situation des Kindes nicht und es ist nun einmal mit dabei.

Bevor ein Kind aus Empörung oder Überlastung in Geschrei ausbricht, hat es meist schon mehrmals versucht, seine innere Lage deutlich zu machen. Nur wurde es damit nicht wirklich gehört oder wahrgenommen. Und so muss das Kind seine Situation verstärkt darstellen. Es wird ungehalten, fordernd, unzufrieden. Eventuell wird es dann vertröstet: »Ja, gleich, ich muss nur noch …« Dann hängt es an Ihren Beinen und zeigt, dass es längst bereit ist, aber Sie sind immer noch beschäftigt … und irgendwann wird sein Fass überlaufen. Das ist eine gesunde Reaktion. Dieser Ausbruch drückt seine Frustration und Hilflosigkeit aus, die es noch nicht anders regulieren kann.

PERSPEKTIVWECHSEL

Vater: *Nun habe ich dir heute schon so viel erlaubt. Ich habe dir Süßes gegeben, weil du so lieb gefragt hast, ich hab dich auf der Couch hüpfen lassen, weil du mit deiner Freundin so viel Spaß hattest, und noch einiges mehr. Außerdem habe ich mich beim Einkaufen furchtbar geärgert und Angie ist immer noch nicht vom Englisch-Kurs zurück. Jetzt will ich, dass du beim Zähneputzen heute Abend kein Theater machst.*

Kleinkind: *Heut war viel los, ich habe mit Lisa so viel gehüpft, gespielt und gegessen. Und ich will noch mehr tanzen und singen und spielen. Nein, ich bin noch nicht müde. Igitt, Zähne putzen! Ich will meinen Mund nicht aufmachen. Au, Papa du hältst mich so fest und du schaust so böse.*

So oder ähnlich laufen viele Abende ab. Sie zeigen, wie viel schon von allen geleistet und auf verschiedenen Ebenen gefordert wurde.

Klassisches Beispiel: Zähneputzen. Dazu ein Elterngespräch im Kurs, das Alter der Kinder liegt zwischen zwanzig und vierundzwanzig Monaten.

Austausch unter Eltern im Kurs zum Thema Zähneputzen

Monika:
»In letzter Zeit klappt das mit dem Zähneputzen überhaupt nicht mehr. Wie macht ihr das denn? Lisa sagt immer Nein, wenn ich mit ihr Zähne putzen will, und läuft aus dem Bad, wenn ich nicht schnell genug bin. Dabei ging das früher schon ganz gut, dass sie selber geputzt hat und ich dann nachputzen konnte. Nur wenn neue Zähne kamen, war es unangenehm für sie, und da habe ich es auch sein lassen. So war das meistens ganz entspannt. Jetzt sehe ich aber keinen neuen Zahn. Was ist bloß los?«

Paul:
»Ich habe selber so schlechte Zähne, dass ich Angst habe, dass Lilly meine Veranlagung geerbt hat. Deshalb ist mir Zähneputzen schon sehr wichtig. Wir singen dabei immer das gleiche Zahnputzlied, dann macht Lilly zumindest meistens mit, und wenn nicht, dann lasse ich sie nicht davonlaufen, sondern sage ihr, dass wir gern ein wenig warten können, bis ich nachputze, und dass es sein muss. Manchmal macht sie den Mund nicht gleich auf, dann sitzen wir eine Weile im Badezimmer, und sie spielt mit den Enten. Aber es klappt eigentlich immer, dass ich noch nachputzen kann.«

Fritz:
»Das ist bei uns auch so, dass Frieda mit ihren zwei Jahren am liebsten mit ihrem großen Bruder zusammen putzt. Ich wollte, ich hätte das Thema Zähneputzen bei Konrad, der jetzt schon sieben ist, auch schon etwas entspannter sehen können. Bei ihm haben meine Frau und ich so großen Druck gemacht, dass von Anfang an die Zähne sauber geputzt werden, dass wir ihn festgehalten und echt gezwungen haben, dass er den Mund aufmacht und uns putzen lässt. Das war für uns alle unerfreulich, und er putzt bis heute leider nicht gern, obwohl wir es ihm schon lange nicht mehr aufdrängen. Mich wundert, dass Frieda sich davon nicht anstecken lässt.«

Hanna:
»Wenn die große Schwester mit ihm gemeinsam putzt, klappt es immer am besten. Dann fühlt er sich auch groß. Oft machen die beiden dann viel Quatsch im Bad, sodass ich manchmal lieber rausgehe, weil es mir zu laut wird und ich abends schnell grantig werde. Aber so putzen beide wenigstens, ohne dass ich drängeln muss.«

Konstanze:
»Ich bin überzeugt davon, dass das Wichtigste für die Zähne eine gesunde Ernährung ist. Bei uns gibt es fast gar keine Süßigkeiten, und wenn, dann danach immer Wasser zum Nachtrinken. Und wichtig ist mir die Fluor-Zahnpasta. Einmal am Tag putzen klappt bei Till ganz gut. Er darf nur nicht zu müde sein, dann putzt er am nächsten Tag halt morgens noch dazu. Mein Kinderarzt kann da gut mitgehen, meine Freundin, die Zahnärztin ist, ist da viel strenger.«

Anna:
»Ich mache es so, wie wir das früher schon besprochen hatten: Wir putzen jeden Morgen und Abend gemeinsam, ich meine und Moritz seine Zähne. Abends putze ich nach und morgens putzt nur er allein. Er darf sich immer aussuchen, ob elektrisch oder mit der einfachen Zahnbürste und mit welcher Zahnpasta er putzen will. Letzens war er abends schon sehr müde und weinerlich, da habe ich dann auch nicht nachgeputzt, und er hat nur kurz die Bürste in den Mund genommen – das finde ich dann auch total okay. Hauptsache es klappt meistens.«

Silke:
»Ich bin abends so ungeduldig, dass Zähneputzen und Abendritual mein Mann übernimmt, wenn er da ist. Das geht ganz gut mit den beiden. Wenn ich das mit Max mache, reicht es mir eigentlich, wenn er auf der Zahnbürste rumkaut und die Zahnpasta im Mund verteilt.«

Eltern nutzen ihre Macht, wenn für sie bald die Hutschnur reißt, und bestimmen, was jetzt zu geschehen hat – was per se nicht schlecht ist. Jedoch vergessen sie in diesen Momenten der Kraftlosigkeit allzu leicht die Kooperation des Kindes einzuladen. Diese wird auf Befehl nicht kommen und auch nicht durch Bitten und Betteln in einem genervten Tonfall: »Versteh doch, ich muss das durchziehen, die Zähne müssen sauber sein, mach doch einfach mit, dann wird alles gut«. Gerade dieses Mitmachen kann das Kind dann meistens nicht mehr, und dann fühlt es sich für die Eltern an, als hätte es gesiegt, obwohl es vor Wut und Müdigkeit in Tränen zerfließt.

Wenn die Rituale schwierig werden, weil alle erschöpft sind, hilft es manchmal, sich körperlich anzunähern. Denn meist spielt sich beispielsweise der ungeliebte Zahnputzzirkus schon längst vorher im Geiste ab. Mutter oder Vater sind in einer negativen Vorausschau gefangen und agieren nicht im Hier und Jetzt. Da wäre eine kurze Einladung zum »Tanz« günstig, das könnte zum Beispiel je nach Alter des Kindes das Angebot zu einem kleinen Ringkampf oder einem Kräftemessen mit Kissenschlacht sein. Dabei kommen alle auf wundersame Weise wieder zu sich, spüren sich gegenseitig und lachen vielleicht von Herzen. Danach geht das Putzen oft ganz von selbst, und es kann auf ein Drohen wie »Wenn du jetzt nicht kommst, gibt es keine Geschichte mehr« verzichtet werden.

Wenn Kinder und Eltern aus einem ähnlichen Grund »ausrasten«, sind alle am Punkt null angelangt und können nicht mehr so weitermachen. Dieses Gefühl der Hilflosigkeit zu erkennen und sich zu erlauben, eröffnet den Erwachsenen die Möglichkeit auf ihre innere »Stopp!«-Taste zu drücken. Dies ist die eigentliche Botschaft in diesem Gefühlswirrwarr. Die Eltern verlieren sonst ihre Geduld, ihren Humor und manchmal sogar ihre Beherrschung, und die Kinder reagieren direkt darauf.

Gäbe es eine Berufsbeschreibung für Eltern, würde darin stehen, dass es für die besonderen Spitzenzeiten im Tagesablauf eines speziellen Krisenmanagements bedarf: *mit angemessener Vorbereitungszeit der Eltern, zuweilen durchzuführen in Doppelbesetzung. Es geht – individuell unterschiedlich – dabei oft darum, sich mor-*

gens fertig zu machen, abends die Zähne zu putzen und ums Schlafengehen. Die Professionalität dabei erwerben sich Eltern mit der Zeit. Sie müssen lernen: Pausenzeiten einzuhalten, Zumikos zu nutzen, nur erreichbare Ziele zu setzen (zum Beispiel lieber ohne Kind einkaufen gehen), für alle mitzudenken und die Perspektive zu wechseln, eigene Kräfte adäquat einzusetzen, Grenzen wahrzunehmen und zu bewahren, auf Kritik und Sarkasmus zu verzichten, den Humor nicht zu verlieren.

Persönliche Grenzen zeigen und wahren

Babys können von Anfang an ebenso ihre Bedürfnisse deutlich machen wie ihre Grenzen aufzeigen. Ein Baby zeigt, wann es Hunger hat und wann es satt ist. Ein Kleinkind zeigt, wann es Nähe braucht und wann es genug vom tröstenden Kontakt hat und wieder spielen will. Oder das Kleinkind will die Schuhe selbst anziehen und bricht in Weinen aus, wenn ihm dies nach vielen Versuchen nicht gelingt. Es sucht Trost und Hilfe bei den Eltern, weil es sie als Regulationshilfe braucht, bevor es nochmals beginnen kann. Das Kind kann seine Bedürfnisse und Grenzen zeigen und braucht Eltern, die diese erkennen und respektieren. Denn was Kindern meist nicht gelingt, ist, dass sie ihre Grenzen auch verteidigen können.

Sie lernen Ihr Kind mit all seinen Eigenheiten, Vorlieben und Abneigungen und seinen Grenzen immer besser kennen. Wenn Sie auf seine Reaktionen schauen, wissen Sie mit der Zeit, was es ausdrücken will, wenn es sich beispielsweise gegen Ihre Vorhaben auflehnt. Im Familienalltag geduldig zu sein, gelingt sicher nicht zu jeder Zeit. Eltern erwarten von sich, auch in stressigen Situationen freundlich zu bleiben, das Kind nicht zu etwas zu zwingen oder zu überreden, was es deutlich ablehnt – und sie scheitern doch öfters, als ihnen lieb ist. Das erleben die meisten Eltern auch darum als so schmerzlich, weil sie wissen, wie abhängig das Kind von einer gewaltfreien Erziehung ist. Für seine gesunde Entwicklung ist es wichtig, die persönlichen Grenzen zu wahren und für körperliche und seelische Unversehrtheit zu sorgen.

Körperliche Unversehrtheit erlebt das Kind, wenn es sanft und feinfühlig während der Körperpflege berührt wird. Manchmal gibt es trotzdem genau dabei Konflikte, nämlich wenn das Kind Nein sagt zu dem, was die Eltern wichtig finden.

PERSPEKTIVWECHSEL

Mutter: *Oft bin ich sehr unter Druck: Ich bin verantwortlich für die Gesundheit meines Kindes, auch für die Zahngesundheit! Deshalb will ich, dass mein Kind gründlich Zähne putzt. Wenn es sich aber weigert, habe ich die Erfahrung gemacht, dass mehr Druck nicht hilft, sondern dass ich mich dabei entspannen muss. Ich will nicht grob werden, und das gelingt mir besser, wenn ich innerlich ruhig sein kann. Unsere Beziehung ist mir wichtiger als perfekt geputzte Zähne. Der Mundraum ist so intim und empfindlich, das merke ich immer, wenn mein Kind mir die Zähne putzen darf oder wenn an meinen Zähnen etwas wehtut.*

Kleinkind: *Zähneputzen ist oft doof, besonders abends, wenn ich müde bin und meine Eltern so grimmig und bestimmt schauen. Dann versuche ich manchmal, Spaß zu machen und sie zum Lachen zu bringen, aber sie sind wirklich sauer, wenn ich versuche davonzulaufen. Wenn ich nicht mag, beiße ich auf die Bürste und lasse sie nicht mehr los. Aber dann schreit mich Mama an und droht, mir nicht mehr vorzulesen. Dann muss ich weinen. Wenn die Mama mit mir Quatsch macht oder das Zahnputzlied singt, mag ich es viel lieber und mache meinen Mund auf, wenn nichts wehtut. Mama und Papa putzen jeden Morgen und Abend, und sagen mir, dass das wichtig ist.*

Kinder nicht körperlich zu bestrafen, ist in vielen Familien mittlerweile selbstverständlich. Die meisten Eltern wollen auch seelische Verletzungen vermeiden, also die innere Unversehrtheit ihres Kindes bewahren. Jedoch empfinden Kinder bereits ein Schimpfen der Eltern oft viel intensiver und schmerzlicher, als es diese bezwecken. Wenn die Hutschnur reißt, fallen leider schnell Worte die das Kind kränken, kritisieren, beschämen oder verspotten.

Freundliche Beharrlichkeit ist es, was dem Kind hilft, sich zu orientieren. Manche Eltern reden besonders laut, wenn sie etwas betonen wollen, und das Kind erschrickt tief. Bei anderen stimmt Körpersprache und Mimik nicht mit den Worten überein, das verwirrt das Kind. Wieder andere denken, sie schimpfen schon, wenn sie nur sagen: »Nein, lass das.« Wenn Eltern klar sagen, was sie wollen oder was sie nicht wollen, und dies ohne Kritik hinbekommen, ist es für das Kind genau das, was es braucht, um zu verstehen. So lernt es die Grenzen seiner Eltern allmählich kennen. Um sich orientieren zu können, braucht das Kind Eltern, die ihre Meinung geduldig und wiederholt, deutlich und am besten freundlich, ehrlich und klar ausdrücken. Kinder erkennen die Grenzen der anderen durch stimmige Rückmeldungen und viele Wiederholungen. Und sie lernen dies umso schneller und nachhaltiger, je sicherer und angenommener sie sich dabei fühlen, denn Angst verhindert Lernen.

EINE KLEINE GESCHICHTE

Die dreijährige Magda hat entdeckt, dass es unheimlich Spaß macht, wenn sie im Flur den Ball an die Wohnzimmertür wirft. Sie kann bereits mit Kraft werfen und freut sich, wenn sie mit einem guten Wums trifft. Sie übt dies schon seit Tagen, und da die Tür stabil ist, hat sie auch die Erlaubnis der Eltern dafür. Heute jedoch kam die Mutter nach dem ersten Wurf aus dem Zimmer und hat es verboten, da sie viel telefonieren muss und außerdem leichte Kopfschmerzen hat.

Magda wirft weiter und versucht, dabei leiser zu sein. Doch es gelingt nicht ohne lautes Poltern. Die Mutter kommt erneut aus dem Zimmer, kniet sich neben ihre Tochter und sagt: »Magda, ich habe dir schon gesagt: Lass es bitte heute. Es ist mein Ernst, heute ist mir das zu viel. Bitte spiele etwas anderes, was leise ist. Schaffst du das? Gib mir bitte den Ball oder willst du ihn selber aufräumen? Wenn es mir morgen besser geht, kannst du vielleicht wieder hier spielen.«

Magda ist ärgerlich und will den Ball nicht hergeben. Aber sie nimmt ihn mit in ihr Zimmer und spielt dort leiser weiter. Die Mutter besteht nicht darauf, den Ball zu bekommen oder ihn aufzuräumen, und so kann Magda ihr Gesicht wahren und die Mutter bekommt doch die Ruhe, die sie braucht. Leicht hätte diese Situation ins Schimpfen und Kritisieren überspringen können, wie etwa: »Du hörst nie auf das, was ich sage! Kannst du nicht einmal das tun, was ich von dir will? Du bist wirklich frech!« Oder es entsteht ein Machtkampf: »Jetzt gib mir den Ball! Ich habe gesagt, ich will ihn haben oder du räumst ihn auf, und nicht, dass du ihn mitnehmen kannst.«

So hat die Mutter ihre Grenze aufgezeigt und dafür gesorgt, dass sie gewahrt wird. Auch bei den persönlichen Grenzen sind die Eltern das Vorbild für ihr Kind. Wenn sie die Grenzen ihres Kindes respektieren, ihre eigenen zeigen und ernst nehmen, lernt das Kind dadurch langfristig, wie Grenzen von anderen zu wahren sind.

Mit Babys sprechen

Kommuniziert wird natürlich ganz von Anfang an. Wenn Sie zum ersten Mal Ihr Baby im Arm haben, werden Sie ganz intuitiv so mit ihm sprechen, wie es das braucht und wie es sich dabei wohlfühlt: mit liebevollem Blick, freundlichem Gesichtsausdruck, weit geöffneten Augen, etwas höherer Stimme, langsam und leise. Die Worte sind nicht das Wichtige, sondern der Ausdruck von Willkommen-Sein und Liebe. Das Baby kennt Ihre Stimme bereits von der Zeit vor der Geburt und fühlt sich geborgen durch ihren vertrauten Klang.

In der ersten Zeit werden Sie also in der typischen »Ammensprache« mit dem Baby reden, die sich im Laufe des ersten Lebensjahres meist ganz natürlich in Ihre gewohnte Stimmlage zurückverwandeln wird. Sie werden bei der Pflege und allen gemeinsamen Unternehmungen erklärend, langsam und verständlich sprechen und dann etwas abwarten, damit es darauf reagieren kann. Babys brauchen deutlich länger, bis eine Information da ankommt, wo sie verarbeitet werden kann. Auf ein »Bitte gib mir deine Hand, ich will sie waschen«, braucht es eine kleine Pause, bis das Baby versteht, was Sie meinen, und mitmachen kann. Vielleicht ist diese Art der Kommunikation zunächst noch etwas ungewohnt, wird aber zunehmend vertrauter, wenn Sie erleben, dass das Kind Sie versteht und wie es mit seinen Blicken, Lauten und Handlungen auf Ihre Worte reagiert.

Wenn Sie eigentlich müde oder traurig sind, spürt ihr Kind Ihre Stimmung und wird vielleicht unbewusst durch sein Verhalten versuchen auf seine Art Fragen zu stellen. Sie könnten über sich sprechen und erklären, was bei Ihnen los ist: »Ich bin heute sehr müde und ein wenig gereizt, und ich versuche, es dich nicht zu sehr spüren zu lassen. Aber deswegen mache ich heute ein wenig schneller, damit ich mich wieder ausruhen und dir zuschauen kann.« So oder so ähnlich könnten Sie sich erklären und bräuchten Ihre Stimmung nicht zu verbergen.

Die meisten Eltern sprechen anfangs von sich als »Mama« oder »Mutter« oder »Papa« oder »Vater«, also zum Beispiel: »Schau, was Mama dir gekocht hat, magst du probieren?« oder »Papa will dich jetzt wickeln, komm, krabble her zu mir, dann trage ich dich auf die Wickelkommode.« Dagegen ist nichts zu sagen, jedoch sollten Sie den Zeitpunkt nicht verpassen, auch wieder von sich als »Ich« zu sprechen. Wenn sich das für Sie richtig anfühlt, ändern Sie es einfach! Spätestens wenn Ihr Kind in seiner Ich-Entwicklung so weit ist, dass es fühlt, eine eigenständige Person und kein Teil von Ihnen zu sein, wäre dafür ein guter Zeitpunkt. Dies wird meistens dann deutlich, wenn Ihr Kind im zweiten Lebensjahr seinen eigenen Willen intensiver zeigt.

Dazu gehört auch, dass Eltern anfangs oft von »Wir« sprechen, wenn sie eigentlich das Baby meinen: »Wir zahnen gerade.« Auch Eltern haben zu Beginn dieses Gefühl von direkter Einheit mit dem Kind. Allerdings können sie das deutlich früher als das Kind in ihrer Ausdruckweise wieder richtigstellen, denn es ist ja nun mal nicht wahr, dass Sie dasselbe wie Ihr Kind erleben, auch wenn Sie immer mitfühlen und manches Mal ähnlich oder sogar mehr unter dem Zahnen oder anderen Schmerzen leiden wie Ihr Kind. Ein »Wir sind jetzt müde« kann wahr sein oder auch nur das Kind meinen, und dann wäre ein »Mir scheint, du bist müde« stimmiger.

Respektvolle Kommunikation

Die wärmste und verständlichste Sprache ist die persönliche: Sie sollten daher von sich sprechen, sich mit den eigenen Gedanken und Gefühlen, Meinungen und Befindlichkeiten zeigen und sich nicht verstellen oder womöglich hinter allgemeinen Floskeln und Ausdrucksweisen verstecken. Dies ist den älteren Generationen wahrscheinlich noch ungewohnt, sie empfinden es möglicherweise sogar als unhöflich und »unmöglich«. »Ich will …« war eher frech und vor allem von Kindern nicht erwünscht. Kinder sagen es aber ganz selbstverständlich, anfangs das »Paul will …«, später das »Ich will …«. Vielleicht müssen Eltern diese Ich-Botschaften erst ausprobieren und üben. Es macht das Familienleben aber bestimmt reicher und ehrlicher, einfacher und verständlicher, vor allem für die Kinder, wenn der Vater zum Beispiel sagt: »Ich will nicht, dass du mit meiner Geldbörse spielst! Leg sie bitte zurück!« Sie beschreiben, was Sie stört und sind dabei deutlich. Das macht einfach mehr Eindruck auf das Kind, und es kann besser verstehen, was gemeint ist, als wenn es hört: »Das tut man nicht, lass das!« In den magischen Jahren ab drei verwirrt so etwas zusätzlich, es könnte sein, dass das Kind fragt: »Welcher Mann tut das nicht?«

FenKid-Tipp: Über das Kind sprechen

Stellen Sie sich vor, Sie wären heiser und könnten nichts selbst erzählen. Eine vertraute Person würde daher in Ihrem Beisein Ihren Freunden von einem Erlebnis mit Ihnen berichten und Sie könnten nur zuhören. Sehr schnell würden Sie merken, ob es sich gut anfühlt, ob respektvoll über Sie gesprochen wird und wann Sie Unbehagen empfinden. Nun stellen Sie sich vor, wie die Bewertungen, die oft bei Gesprächen Erwachsener über ihre Kinder benutzt werden, auf Sie wirken würden.

Natürlich sprechen Eltern nicht nur direkt mit ihrem Kind, sondern auch über ihr Kind: Die Partner berichten sich gegenseitig davon, was sie mit ihrem Kind erlebt haben. Oder sie lassen die Großeltern daran teilhaben, indem sie erzählen, was ihnen wichtig war, oder befreundete Eltern tauschen sich aus. Dabei hören

die Kinder zunehmend aufmerksam zu, und es ist wirksam und wohltuend für sie, wenn sie hören, dass die Worte achtsam gewählt werden.
Viele Eltern benutzen Kosenamen für ihr Kind, in denen ihre Liebe mitschwingt. Vielleicht waren Sie selbst als Kind davon überzeugt, dass Ihr Vorname »Mausi« oder »Bärli« lautete oder Ihr richtiger Name nur dann in ganzer Länge ausgesprochen wurde, wenn Sie ausgeschimpft wurden. Seien Sie dann umso aufmerksamer, wann und wie oft und zu welchen Gelegenheiten Sie Kosenamen verwenden.

Wenn Kinder mit Beschreibungen wie zum Beispiel »großer Rabauke« oder »kleines Mäuschen« angesprochen werden oder so über sie erzählt wird, schwingt oft eine versteckte Kritik mit und gibt dem Kind ein Gefühl von Verwirrung bis hin zur Beschämung. Dies gilt vor allem bei den nicht so netten Bezeichnungen wie »… war wieder mal eine Zicke«, »… war so wehleidig, das Sensibelchen«, »schlechter Esser«. Selbst liebevolle Verniedlichungen wie »kleines Mäuschen«, »süßes Spätzchen« oder überhöhte Tierbilder wie »starke Tigerin« oder »stolzer Bär« stecken Kinder in eine Schublade und prägen ihr Selbstbild. Ist es gut oder schlecht, sich als Kind wie eine »stolze Prinzessin« zu fühlen oder wie ein »tapferer Ritter«? Wenn Ihr Kind ab drei bis vier Jahren in diese Rolle schlüpft, weil es das, was es an Geschichten erfährt, nachspielt und sich in immer neue Figuren hineinversetzt, ist das wunderbar für sein reiches Fantasieerleben. Wenn dies auch noch völlig frei von elterlichen Geschlechterklischees und selbstbestimmt geschehen kann, bestens! Aber wenn sie das Kind mit solchen Bezeichnungen definieren – und dies auch nicht immer nur freundlich meinen, wird ihm bereits ein Stempel aufgedrückt. Sie sagen, es sei »faul«, wenn die Bewegungsentwicklung später ein-

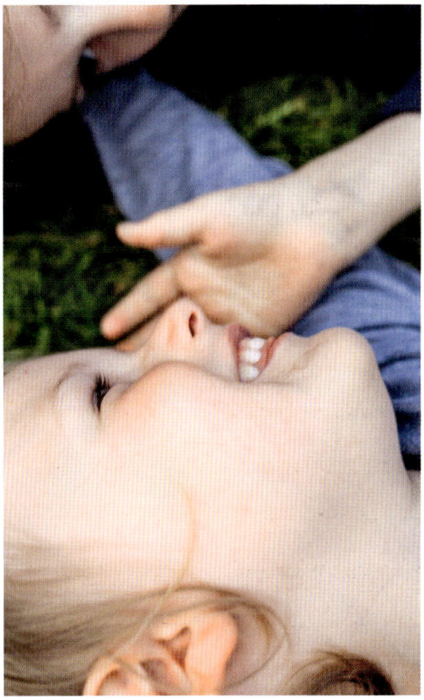

setzt als bei anderen. Es sei »grob«, wenn es an ihren Haaren zieht, weil die Feinmotorik noch nicht ausgereift ist. So könnte es sich entweder selbst mit der Zeit so sehen, was nicht angenehm ist und sein Selbstbild schwächt. Oder es wird viel Energie darauf verwenden, um im Laufe der Kindheit aus dieser Schublade wieder herauszukommen. Darum ist es für Ihr Kind sehr wertvoll, wenn Sie sich ab und zu selbst zuhören und sich bewusst machen, wie Sie über oder mit ihm sprechen.

Kinder wollen gern, genau wie Erwachsene, ins Gespräch mit einbezogen werden – ab dem Zeitpunkt, wo sie selbst etwas dazu beitragen können. So entsteht ein gemeinsamer Austausch über Erlebnisse. Wenn Sie abends Ihrer Frau vom Tag erzählen, nehmen Sie Ihr Kind im Gespräch aktiv mit: »Heute waren wir zusammen auf dem Spielplatz – ich habe Fritz, den Papa von Katrin, getroffen und mich mit ihm unterhalten und du, Simon, hast derweil mit Katrin bei den Schaukeln gespielt. Dabei bist du einmal runtergefallen und hast doll geweint …« Sie könnten Ihr Kind auch fragen, ob Sie davon erzählen dürfen, was Sie gemeinsam erlebt haben, oder ob es ab dem Moment, wenn es das kann, selbst berichten will.

Mehrsprachig aufwachsen

Mehrsprachigkeit braucht eine Herzenssprache. In der eigenen Muttersprache mit dem Kind zu reden, transportiert viel mehr als nur die Sprache. Führende Sprachwissenschaftler betonen, wie wertvoll diese erste Begegnung mit der Kultur von Mutter oder Vater ist. Für Kinder ist das mehrsprachige Aufwachsen ein Geschenk, wenn es wirklich mit einer Muttersprache verbunden ist. Bei interkulturellen Paaren bildet sich oft zusätzlich eine gemeinsame Familiensprache heraus. Die Landessprache lernt das Kind durch sein Leben in Kindergarten und Schule, durch Freunde und Freundinnen, durch Lehrkräfte, Bücher. Ihre Muttersprache lernt es durch Sie! Dabei wird es nicht immer in Ihrer Sprache antworten, sondern vielleicht auf Deutsch weitersprechen. In dem Fall sollten Sie weiter in Ihrer Sprache mit ihm reden, denn spätestens beim Besuch der Familie in der fernen Heimat wird es auf diese Sprache zugreifen und sich an seiner Kompetenz erfreuen können. Lassen Sie sich dabei nicht verunsichern!

Gesellschaftliche Normen: danke, bitte, Entschuldigung

Kinder wollen von Anfang an dazugehören, zuerst zu ihren Eltern, zu Geschwistern, zu Freunden in der Kita, später zu ihrer Peergroup. Sie kommen mit der Fähigkeit und dem Bestreben nach Zugehörigkeit auf die Welt, das menschliche Bedürfnis nach Bindung ist angeboren und universell. Letztendlich gehört es zu einer Kultur, dass wir einerseits Teil einer Gemeinschaft und in deren Werte, Regeln und Gesetze eingebunden sind, diese für das Wohl der Familie und Gruppe einhalten und umsetzen. Andererseits wollen wir die Grenzen der eigenen Persönlichkeit für unser Wohl schützen und bewahren. Sich selbst gut zu kennen, mit allen inneren Stärken und Schwächen, ermöglicht es erst, die individuellen Fähigkeiten so selbstbestimmt wie möglich einzubringen. Eine gefestigte Persönlichkeit durfte meist schon als Kind die eigenen Bedürfnisse mitteilen, lernte abzuwägen und zu bestimmen, wann die eigenen Bedürfnisse Vorrang vor denen der Familie und der größeren Gemeinschaft haben. Das konnte nicht ohne Auseinandersetzungen stattfinden, weil es auch bedeutet, sich zu positionieren und sich von anderen abzugrenzen, um für sich selbst gut zu sorgen.

»Irgendwann mach ich´s wie Du«

Sie können davon ausgehen, dass Ihr Kind wie auch Sie selbst mehrmals täglich in diesen Zwiespalt gerät: Wessen Wünsche und Bedürfnisse sind jetzt wichtiger? Es wird sich in all seinen jungen Jahren bei Ihnen abschauen, wie Sie die kulturellen und gesellschaftlichen Normen der Gesellschaft erfüllen, wann Sie wie mit anderen umgehen, zuallererst innerhalb des Familienverbundes, mit sich und den Geschwistern, dann zunehmend im außerfamiliären Umfeld.

In den ersten drei bis vier Lebensjahren, wenn es beginnt, Rollenspiele zu üben und andere Menschen und Situationen zu imitieren, werden Sie sich bestimmt in manchen Ausdrücken Ihres Kindes wiedererkennen. Es spricht vielleicht für Sie typische Sätze in Ihrem Tonfall und Mimik nach und hält Ihnen manches Mal einen sehr klaren Spiegel vor.

Schon mit den ersten Erfahrungen beim »Geben-und-nehmen-Spiel« wird das Kind auch »Bitte« und »Danke« von Ihnen übernehmen und bald in üblichen Situationen des Alltags anwenden. Ist es also nötig, mit einem kleinen Kind zu üben, beim Bäcker »Guten Tag«, »Danke« und »Auf Wiedersehen« zu sagen? Wenn Ihr Kind von sich aus gern diese höflichen Umgangsformen ausprobiert, vielleicht an den Reaktionen der anderen Erwachsenen Interesse hat und sich freut, wenn es die erwartete Antwort bekommt, braucht es kein Üben und erst recht kein Manipulieren und Belohnen dieses Verhaltens. Wenn Sie sich mit ihm darüber freuen können, wunderbar! Wenn Ihr Kind aber gerade nicht gern in Kontakt mit anderen tritt, kein »Danke« für die überreichte Wurstscheibe sagen will oder kann, können Sie sich freundlich an seiner Stelle bedanken. Kinder fühlen sich leicht beschämt, wenn etwas drängend von ihnen verlangt wird, wozu sie gerade nicht in der Lage sind. Jedes Beschämt-Werden aber schadet dem Selbstwertgefühl des Kindes und wirkt ähnlich verletzend wie körperliche Schläge.

Die eigenen Grenzen wahren dürfen

In unserer Kultur ist es ein Zeichen von Höflichkeit, eine andere Person anzuschauen, mit der man spricht. In anderen Kulturen wird genau das als unhöflich, anmaßend oder gar sexuell auffordernd verstanden. Von kleinen Kindern wird oft verlangt, jemandem die Hand zu geben und einen Gesprächspartner direkt anzusehen. Wenn das Kind zeigt, dass ihm das unangenehm ist, sollten die Eltern es unbedingt vor einer solchen Anforderung von außen beschützen. Damit ermöglichen sie ihrem Kind, auch hierin seinem eigenen Gefühl zu vertrauen, wann und vor allem mit wem es wie in Kontakt treten will. Einen Dreijährigen darin zu bestätigen, dass er die ausgestreckte auffordernde Hand des Nachbarn nur ergreift, wenn sich das gut anfühlt, stärkt das Kind darin, seiner Wahrnehmung zu folgen. Auch das Küsschen für Oma oder Opa ist für das Kind nicht so selbstverständlich, wie manche Großeltern es gern hätten. Wenn das Kind dabei nicht bedrängt wird, lernt es leichter, die Umgangsformen umzusetzen, die sich stimmig anfühlen. So wird es nicht durch rigide Höflichkeitsformen gezwungen, die eigenen Grenzen zu übergehen. Die Freiheit, Nein sagen zu können, braucht das Kind von Anfang an. Sie gibt ihm Halt und Sicherheit, wenn es ab einem gewissen Alter in Kita und Schule allein unterwegs sein wird.

Auf vielen Spielplätzen hören Sie Eltern zu ihren zwei- bis dreijährigen Kindern sagen: »Schau mal, das Kind weint jetzt, weil du seine Schaufel genommen hast. Gib sie zurück und entschuldige dich.« Danach folgt oft ein kleines Gerangel zwischen Kind und Mutter oder Vater, und dann nimmt meist der Erwachsene dem Kind ungeduldig die Schaufel aus der Hand und überreicht sie dem weinenden anderen Kind. Dessen Eltern nicken mehr oder weniger freundlich, denn dieses Vorgehen wurde so erwartet.

Sich zu entschuldigen setzt jedoch voraus, sich einer Schuld bewusst zu sein und etwas Getanes oder Gesagtes zu bereuen. Wenn Ihr Kleinkind ein anderes Kind schubst oder »blöde Mama« schreit, ist das Ausdruck seiner momentanen Befindlichkeit, seines Willens oder seines Forschens. Solange das Kind noch nicht die Perspektive des anderen einnehmen kann – und die Empathie reift erst im Alter zwischen vier und sieben Jahren –, wird es noch nicht wirklich verste-

hen können, was das Erlebte für den anderen bedeutet. Kann es ihm dann wirklich leidtun, was es gesagt oder getan hat? Ist es ihm also möglich, sich dafür zu entschuldigen?

FenKid-Tipp: Höflichkeit

Beobachten Sie doch für einige Tage, auf welche ganz eigene Art das Kind Ihre Höflichkeitsformen für sich übersetzt hat und wie es sich bedankt oder verabschiedet. Oft ist es ein schüchternes Lächeln oder ein herzlicher, gar schelmischer Blick. Sie können getrost darauf vertrauen, dass Ihr Kind genau registriert, wie die Erwachsenen miteinander umgehen, und so durch Ihr Vorbild lernt, zu grüßen, sich zu verabschieden, Bitte und Danke zu sagen. Wann es so weit ist, variiert individuell sehr. Oft dauert es sehr viel länger, als Sie es sich vielleicht wünschen. Druck auszuüben, kränkt aber mehr, als es nützt. Wenn Sie Ihr Kind ohne weitere Mithörer und ohne Vorwurf in der Stimme fragen, weshalb es sich gerade nicht verabschiedet oder bedankt hat, erfahren Sie mehr über sein Wesen als durch Ermahnungen.

Streit unter Kindern

Bei einem Streit unter Kindern ist das Feedback meist sehr direkt und deutlich: sie weinen, schreien, hauen oder beißen – und das macht Eindruck. Manchmal so stark, dass das Getane wiederholt wird, weil es so eindrucksvoll und wirksam war und das Kind es genießt, etwas so Mächtiges auslösen zu können. Denn Selbstwirksamkeit macht Freude! Manchmal aber erschrickt das Kind durch eine laute oder tatkräftige Reaktion des anderen und ist so beeindruckt, dass es vom Gewollten abrückt. Eskaliert der Streit und droht Gefahr von Verletzung, brauchen die Kinder die Führung und Erklärung durch die Erwachsenen: so ruhig wie möglich, ohne Schuldzuweisungen, Schimpfen und Beschämen und ohne das Einfordern von Entschuldigungen. Vielmehr geht es um Trost für das Kind, das deutlich zeigt, etwas hat ihm wehgetan oder es erschreckt.

Auch die Rückmeldung von den Erwachsenen hilft dem Kleinkind, sich zu orientieren und zu lernen, wie der andere fühlt. »Ich will nicht, dass du ›blöder Papa‹ sagst« verhindert wahrscheinlich nicht, dass Ihr Kind dies sagt, wenn es

sich über Sie ärgert. Trotzdem hört und lernt es, dass Sie das eben nicht wollen. Vielleicht entsteht bei Ihnen auch die Sorge, dass es sich unhöfliche Umgangsformen aneignet. Doch vertrauen Sie ruhig wieder darauf, dass Ihr Vorbild die Richtschnur für Ihr Kind ist. Für Ihre Beziehung ist auf jeden Fall hilfreich, wenn Sie eine knifflige Situation als Einladung betrachten, Ihr Kind besser verstehen zu lernen, anstatt es zu kritisieren. Mit Ihrem Kind darüber zu reden, gelingt oft erst, wenn die Gemüter sich wieder beruhigt haben.

PERSPEKTIVWECHSEL

Auf dem Spielplatz begegnen sich ein- bis dreijährige Kinder im Sandkasten, allerhand Sandspielzeug liegt herum. (Alle Gedanken und Gefühle sind im Folgenden kursiv dargestellt.)

Niko, zwölf Monate, krabbelt los: *Oh, die grüne Schaufel leuchtet so schön, die hat eine besondere Form, die nehme ich mal und schiebe sie durch den Sand. Die ist schwerer als meine, das gefällt mir.*

Mats, zweieinhalb Jahre: *Jetzt hat das Baby meine Schaufel genommen, das geht nicht, die will ich wieder haben. Die muss da liegen, ohne dass sie jemand nimmt, die gehört mir. Ich trau mich nicht, sie zu holen, ich schau mal Mama an, ob sie das für mich macht.*
Mutter von Mats: »Du hast doch genug andere Sachen. Lass doch den Kleinen spielen, du kannst das doch teilen. Ich hole die Schaufel nicht, mach es selbst. Komm, geh hin und sag dem Kind, dass du sie wiederhaben willst.«
Mats: *Hm, meine Schaufel! Ich will sie haben, das halte ich gar nicht aus, das ist meine! Meine Schaufel. Ich geh sie holen.*
Er läuft zu Niko, sagt: »Meins!«, reißt ihm die Schaufel aus seiner Hand, er ist sogar so empört, dass er ihm mit der Schaufel auf den Kopf haut.
Niko ist überrascht und beginnt dann zu weinen: *Au, das ging schnell. Ich hab mich erschreckt.*
Nikos Mutter sagt nun zu Mats: »Warum haust du ihn, kannst du nicht reden? Sag ihm doch, was du willst.« Und zu Niko: »Der Junge wollte seine Schaufel wieder, das hätte er auch anders machen können. Der war grob und hat keine guten Manieren.« *Wieso lernen die großen Kinder nicht einfach, zu sagen, was sie wollen? Die hauen einfach drauf, das ist doch gefährlich! Ich werde es nicht zulassen, wenn Niko das mal macht. Diese kleinen Egoisten bringen mein Kind in Gefahr!*
Mats Mutter sagt nun zu Mats: »Hör mal, du sollst nicht hauen!« Sie hält ihn grob am Arm fest. »Schau, jetzt weint der Kleine. Geh und entschuldige dich! Du musst dich entschuldigen, du hast ihm wehgetan.« *Warum macht er das nur immer wieder? Das macht mich ganz wütend. So oft hab ich schon gesagt, er soll das lassen. Wir haben extra viele Spielsachen dabei und er kann nicht einmal diese eine Schaufel ausleihen. Das ist mir so peinlich, die andere Mutter schaut mich so vorwurfsvoll an. Er muss jetzt lernen, sich zu entschuldigen, das geht einfach nicht. Aber wenn ich ihn zwingen will, schaut er weg oder schreit und wird ganz bockig. Dann hilft nur drohen:* »Wenn du dich jetzt nicht entschuldigst, gehen wir sofort heim.«

Wie hätte diese Geschichte freundlicher verlaufen können? Probieren wir eine zweite Möglichkeit des Geschehens, nachdem Mats seine Mutter bittend anblickt, damit sie seine Schaufel holt. Diesmal sagt die Mutter zu Mats: »Ja, ich sehe, der Kleine findet deine Schaufel schön. Du schaust mich an, als wolltest du nicht, dass er damit spielt.« Dann unterbricht sie den Blickkontakt zu Mats und schaut freundlich zu den anderen Kindern oder widmet sich wieder ihrem Buch. Sie gibt Mats damit einen Freiraum, in dem er für sich überlegen kann, was er weiter braucht und tun will.

Mats läuft zu Niko, sagt: » Meins!«, reißt ihm die Schaufel aus der Hand und haut ihm damit auf den Kopf. Mats Mutter ruft dazwischen: »Halt, Mats!" und geht hin und sagt zu Max; »Ich will nicht, dass du ihm auf den Kopf haust. Das tut ihm weh.« Und zu Nikos Mutter: »Bitte entschuldigen Sie, er wird es noch lernen.«

Nikos Mutter meint: »Obwohl ich daneben saß, ging es so schnell, da konnte ich gar nicht dazwischengehen. Hauen geht gar nicht! Aber ich weiß schon, dass meiner das auch mal durchmachen muss. Sie wollten eben beide die Schaufel.«

Mats Mutter entgegnet: »Ja, die eigenen Spielsachen zu teilen, das ging schon einmal besser. Früher hat er sich alles wegnehmen lassen. Heute wird er wütend und geht drauflos. Aber auch das ist hoffentlich wieder nur eine Lernphase.«

Mit etwa zwei Jahren kommen Kinder in ihrer Entwicklung in einen Zustand, in dem sie manche Spielsachen erleben, als wären sie ein Teil ihrer selbst, wie ein weiterer Finger. Je nach Tagesform kann dieser zusätzliche Finger unter keinen Umständen geteilt oder jemand anderem gegeben werden. Teilen ist sowieso eine Kunst, die durch viele Erfahrungen aus dem gemeinsamen Spiel unter Kindern erst entstehen wird. Erwachsene erwarten diese Leistung meistens zu früh.

Im alternativen Hergang der Geschichte hatte sich die Mutter des größeren Jungen entschieden, ihn nicht zu einer Entschuldigung zu zwingen, und die Mutter des jüngeren Kindes wusste schon mehr über Entwicklungswege, um nicht ganz so anklagend zu sein.

Verwöhnen: Das Schreckgespenst beim Erziehen

Im deutschsprachigen Gebrauch hat das Wort »verwöhnen« manchmal einen warmen Klang und wird auch für genussvolle Erlebnisse genutzt. Es ist ja auch durchaus schön, ab und zu verwöhnt zu werden, jemanden oder sich selbst zu verwöhnen, wenn es nicht manipulativ oder mit Hintergedanken eingesetzt wird. Feinfühlig das Baby bei der Pflege zu berühren, ihm ein wohliges Körpergefühl zu vermitteln, es einzuölen und zu massieren gehört durchaus zum positiven Begriff des Verwöhnens. Und es fühlt sich für die gebende Person auch gut an.

Sobald das Kleinkind viele Dinge selbst meistert, sich die Schuhe anziehen und Treppen steigen kann, fällt die Hilfe bei Alltagsdingen wie dem Anziehen oft schnell unter die Rubrik: Verwöhnen. Das neu erworbene Können wird von den Eltern stärker betont und richtiggehend eingefordert. Dabei freuen sich auch Erwachsene, wenn ihnen eine wohlgesinnte Person etwas abnimmt, weil sie erschöpft sind. Liebevolle Unterstützung könnte es also auch sein, einem müden Kind bei Dingen zu helfen, die es eigentlich schon selbst kann. Und auf echte Bedürfnisse einzugehen ist kein Verwöhnen.

PERSPEKTIVWECHSEL

Kleinkind beim Abholen aus der Krippe: *Ich bin so müde und glücklich, dass Mama da ist. Ich will auf ihren Arm und erzählen, was alles los war.*

Mutter: »Komm, Mauserl, zieh deine Schuhe an, und dann können wir gehen. Ich warte so lange, du kannst das ja schon.«

Kleinkind: *Nein, nicht Schuhe anziehen! Ich will auf den Arm.*

Mutter: »Oh, jetzt sehe ich, du willst auf meinen Arm. Okay, das mache ich gern, komm setz dich auf meinen Schoß, und ich ziehe dir dabei die Schuhe an.«

Oftmals entsteht gerade bei Bring- und Abholsituationen in Krippe und Kita ein Erwartungsdruck bei den Eltern: Sie bestehen dann darauf, dass das Kind auch zeigt, was es schon kann – meist aus der Sorge heraus, das Kind zu verwöhnen und es damit dann immer so handhaben zu müssen. Auf das Bestreben des Kindes nach Autonomie können Eltern jedoch vertrauen. Kinder werden nicht darauf bestehen, angezogen zu werden, wenn sie Kraft und Ausdauer haben, es selbst zu tun. Beim Abholen aus der Einrichtung geht es vorrangig um den Beziehungskontakt zu den Eltern und nicht darum, beweisen zu müssen, was das Kind kann. Kommt dann noch der prüfende Blick von Erzieherinnen dazu und fühlen Eltern sich bewertet, wird das Geschehen leicht zum Kampf.

Die gut gemeinten Ratschläge…

Im englischen Sprachgebrauch heißt »verwöhnen«: to pamper oder to spoil, wobei spoil auch die Bedeutungen »verderben«, »zerstören«, »ruinieren«, »vermiesen«, »beschädigen« beinhaltet. Bereits beim Stillen und Tragen von Babys geistert so das Gespenst Verwöhnen umher. Beim Schlafen ist es riesengroß und furchtbar: »Nie mehr geht das Kind aus dem Elternbett … Es wird dir auf der Nase rumtanzen, verweichlicht, abhängig …« Was ist das Anliegen dieser Unkenrufer? Wollen sie Eltern vor noch mehr Angebunden-Sein schützen? Oder denken sie eher an sich selbst, im Sinne von: »Meine Freundin hat gar keine Zeit mehr für mich, sie verwöhnt ihr Kind zu sehr«? Oder wollen Großeltern nicht an sich selbst zweifeln müssen, weil sie früher anders gehandelt haben: »Es hat dir ja auch nicht geschadet, also was soll der Aufwand?«

Spätestens bei diesem Satz »Es hat dir/uns auch nicht geschadet« werden von manchen Eltern die Blicke gesenkt und innerlich die Fäuste geballt. Und es herrscht Schweigen. Dabei könnten sie einiges aufzählen, was ihnen heute noch schmerzhaft in Erinnerung ist. Denn es hat geschadet! Aber wie kann dieser Schaden bemessen werden? Dazu hat die Psychologie einiges zu bieten, aber damit gleich zur Therapeutin? »Nein, ich habe vielleicht ein schwieriges Verhältnis zum Essen, habe viel zu früh die Dinge mit mir selbst ausmachen müssen, was meine

Beziehungen nicht immer leicht gemacht hat, ich habe Schwierigkeiten, zwischen Wut und Traurigkeit zu unterscheiden, aber hat es mir geschadet?« Wäre es nicht an der Zeit zu sagen: »Ja, manches hat sehr wehgetan, und ich habe gelitten, weil wir zu Hause nicht auf Augenhöhe reden konnten.«, »Ja, ich musste zu früh Verantwortung tragen, das war zu viel für ein Kind.«, »Und ja, meine Eltern haben das für sie Bestmögliche getan, das verstehe ich heute besser als früher.«, »Ja, manches hat geschadet und Narben hinterlassen.«

Das Leben eröffnet uns im besten Falle Wege, solche Schmerzen zu Kräften werden zu lassen. Aber deswegen gilt trotzdem, dass es heute, in der neuen Familie andere, liebevollere und bessere Wege gibt, ein Kind ins Leben zu begleiten. Das Erleben eines Kindes aus der Elternperspektive neu zu betrachten, weil Erfahrungen unweigerlich aus der Erinnerung nach oben drängen, ermöglicht wertvolle Einblicke in die eigene, meist vergessene Geschichte. Dabei helfen manchmal die eigenen Eltern oder Geschwister, Licht in die persönlichen Kindheitserfahrungen zu bringen. Die jetzigen Erwachsenen lernen auch die Eltern nun als Großeltern neu kennen. Diese Perspektive könnte einen Weg zu neuen Erkenntnissen und zu manchem versöhnlichen Gespräch ebnen.

Der Wunsch es besonders gut machen zu wollen

Haben Mütter oder Väter Kindheitserfahrungen gemacht, die sie als Eltern nicht weiter übernehmen wollen, kann es sein, dass das, was ihnen schmerzhaft in Erinnerung ist, sehr große Bedeutung bekommt. Manche nehmen sich dann vor, ihr Kind nie anzubrüllen, nie zum Essen zu zwingen, nie über es zu bestimmen. Sie werden mit diesem besonderen Thema dann so vorsichtig, dass der Wille, ihr Kind damit nicht zu bedrängen, eine zu starke Betonung erfährt. Das jedoch kann beim Kind als Unklarheit ankommen. Dann erlebt es möglicherweise, dass Mutter und Vater nie deutlich sagen, was sie wollen, und stets gefragt wird, was das Kind möchte. Oder dass es schon beim ersten Anzeichen von Ärger im Tonfall heißt: »So reden wir nicht!« – was nichts anderes heißt, dass nur in einem ruhigen, aber falschen Ton gesprochen werden darf. Oder das Kind wird immer zuerst gefragt, was es essen will, und die Eltern kochen nur noch »Kinderessen«, obwohl es ihnen nicht besonders schmeckt.

Falls Ihnen etwas davon bekannt vorkommt und Sie gerade Ähnliches erleben, könnten Sie erkennen, dass sich der Wunsch, etwas besonders gut zu machen, das Gegenteil bewirkt hat. Nun können Sie entscheiden, vermehrt darauf zu achten und ernsthaft gegenzusteuern. Vielleicht besprechen Sie es mit Ihrer/m Partner/in und wenn Sie es wirklich anders machen wollen, sagen Sie es einmal so oder ähnlich zu Ihrem Kind: »Ich habe gemerkt, dass ich dich zu oft frage, was du möchtest. Ich denke, das tut mir und dir nicht gut. Ich werde nun deutlicher sagen, was ich will. Ich werde dich manchmal um deine Meinung bitten, und dann werde ich entscheiden und es dir mitteilen.« Und dann fragen Sie nicht, ob das okay ist, sondern leben das Gesagte, so gut es geht. Wenn Sie das alte Muster dann doch wieder einholt, drücken Sie auch das mit klaren Worten aus: »Gerade habe ich wieder zu schnell gefragt, was du willst (zum Spielplatz gehen, schwimmen, zu Hause sein, Freunde besuchen) und fühle mich nicht wohl damit. Ich weiß gerade selber nicht, was ich eigentlich will. Ich muss einen Moment nachdenken und sage dir dann Bescheid.«

Wenn wir Erwachsenen unklar sind und zu viel vom Kind erwarten, bekommt es in dem überbetonten Bereich zu viel Verantwortung übertragen, die es in seinem Alter noch nicht tragen sollte. Es wird diese Aufgabe zwar erfüllen, jedoch kann es sein, dass es dabei auch sehr bestimmend und fordern auftritt. Es übernimmt damit Ihren unausgesprochenen Auftrag »der Bestimmer« sein zu müssen. Sobald Sie die Verantwortung auf sich nehmen, wird die Stimmung zu Hause sicherlich leichter und/oder fröhlicher.

Elternfrage: »Wie ist das mit dem Verwöhnen?«

»Unsere Freunde haben ein dreijähriges Kind, das total verwöhnt ist, dauernd im Mittelpunkt stehen will und so laut und anstrengend ist, dass wir uns gar nicht mehr mit ihnen treffen wollen. Das wollen wir bei unserer einjährigen Tochter gleich von Anfang an verhindern. Wann fangen wir am besten damit an und wie?«

Spätestens mit dem Ende des ersten Lebensjahres stellen sich Eltern die Frage, wann aus der prompten, angemessenen, zuverlässigen Bedürfnisbefriedigung des Babys Verwöhnen wird und was daran die Beziehung zueinander stören kann. Wenn Eltern sich diese Frage stellen, haben sie meist ein Gespür dafür, dass sie ihre Reaktionen auf das Verhalten des Kindes neu justieren könnten, oder sie wurden von außen durch Ratschläge oder Kommentare aus dem Familien- oder Freundeskreis verunsichert.

Kleinkinder, die in ihrer Persönlichkeitsentwicklung so weit sind, dass der eigene Wille erwacht ist, also meistens im zweiten Lebensjahr, und die deutlich einfordern, worauf sie Lust haben, brauchen Erwachsene, die entsprechend ihrer eigenen Grenzen und Befindlichkeiten deutlich machen, wo sie mitgehen wollen und wo nicht. Bei Säuglingen können Eltern darauf vertrauen, dass sie nicht mehr einfordern, als sie brauchen, und dass sich ihre Bedürfnisse sozusagen angemessen zeigen. Mit der zunehmenden Autonomie fordert das Kind oft mehr, als es braucht. Kleinkinder brauchen daher Erwachsene, die sich auch gut um sich selbst kümmern, was bedeutet, auch einmal keine Zeit fürs Spielen oder die Beschäftigung mit dem Kind zu haben. Und sie brauchen Erwachsene, die klar sagen, was sie wirklich meinen, und sich nicht um des lieben Friedens willen gegen die eigenen Bedürfnisse stellen.

Bereits im ersten Lebensjahr gibt es »Verwöhnfallen«, in die Eltern immer wieder geraten können:

- Frustration kann Motor und Antrieb sein, etwas Neues weiter zu probieren, um zum Erfolg zu kommen. Wenn dem Baby jegliche Frustrationserfahrung vorenthalten wird, und dafür gibt es unterschiedliche Gründe bei den Erwachsenen, ist das Verwöhnen. Besser wäre es zu schauen, wann die Frustration so groß wird, dass sie droht, in Verzweiflung umzukippen. Dann braucht das Baby Beruhigung durch die Eltern – das wiederum ist kein Verwöhnen.

- Wenn das Baby aus übertriebener Sorge vor Verletzungen und Schmerz keine eigenen unangenehmen Erfahrungen machen darf, zum Beispiel in Form von kleinen Stürzen und Rempeleien, wird es verwöhnt.
- Wenn es nach kleinen, aber wirksamen Erfahrungen des Scheiterns auf eine Art getröstet wird, bei der es auf eine übermäßig besorgte Mimik und Sprache trifft, wird das Kleinkind spüren, wie schrecklich das gerade von ihm Erlebte für Mutter oder Vater war. Kinder schauen nach einem Sturz oder erschrecktem Erleben immer zuerst zu Mutter oder Vater, dieser rückversichernde Blick ist wichtig, um das Ereignis einschätzen zu lernen. Weil das eigene Gefühl von Schmerz, Schrecken, Angst, oder Verunsicherung zusammen mit der Reaktion der Eltern zur Richtschnur für das Selbstgefühl wird, können Eltern dem Kind durch eine abwartende und freundliche Haltung die Chance geben, erst einmal selbst nachzuspüren, was passiert ist und wie es sich anfühlt. Dann können die Eltern einfühlsam reagieren und trösten, wenn dies nötig ist.
- Verwöhnen kann auch ins Spiel kommen, wenn das echte Bedürfnis nicht bedient wird. Zum Beispiel braucht das Kind Zeit mit dem Vater, es möchte mit ihm Lego bauen. Stattdessen bekommt es ein neues Legospiel geschenkt und soll allein spielen. Echtes Bedürfnis: Zeit mit Vater. Antwort des Vaters: »Ich hab keine Zeit für dich, aber du bekommst ein Legospiel, ein Schwert, ein Matchboxauto, einen Hamster oder Hund oder was auch immer.« Geschieht das wiederholt, will das Kind immer mehr vom Falschen.
- Verwöhnen ist auch, wenn Eltern dem Kind zu früh etwas anbieten, bevor es überhaupt zeigt, dass es etwas braucht. Dann sagt die Mutter: »Susi, zieh die Jacke an, es ist kühl.« Das echte Bedürfnis des Kindes nach körperlichem Wohlgefühl hängt mit dem zusammen, selbst bestimmen zu dürfen, wann es eine Jacke braucht.

Aussteigen aus der Bedienfunktion

Um aus der Rolle des dauernden Bedieners aussteigen zu können, muss es eine Erkenntnis darüber geben, wie Mütter oder Väter überhaupt erst in diese Funktion einsteigen. Es gibt Übergänge in der Entwicklung von Babys und Kleinkindern, die das anbieten. Kinder entwickeln sich auf verschiedenen Ebenen ständig fort, und Eltern sind immer etwas hinterher im Erkennen ihrer neuen Fähigkeiten und neu gewonnenen Kompetenzen.

Eltern brauchen Zeit und Wissen, diese Entwicklungswege zu erkennen, um ihrem Kind nicht zu viel abzunehmen und es nicht in seiner Autonomie zu behindern. Das kann zum Beispiel im Bereich der Bewegungsentwicklung entstehen, wenn das Baby die Spielelemente, an die es nicht selbst herankommt, immer wieder von Mutter oder Vater in die Hand gedrückt bekommt und so keinen eigenen Impuls, dem Objekt zu folgen, aufbauen kann. Oder es wird hingesetzt, ohne dass es den Weg zum Sitzen schon für sich selbst gefunden hat und dadurch auch nicht weiß, wie es aus der Position wieder herauskommt. Wenn es nun beginnt vertieft zu spielen, und das Spielzeug rollt davon, wird es deutlich durch Gesten und lauten Protest zeigen, dass es ohne elterliche Hilfe nicht weiterspielen kann. Ebenso in Pflegesituationen, zum Beispiel beim Essen, wenn das Kind keine oder wenig Eigeninitiative erfahren darf und nicht selbst den Löffel führen lernt oder sich das Essen nehmen darf.

Spätestens wenn das Kind zeigt, dass es vieles selbst machen will und im zweiten Lebensjahr deutlich seine Autonomiephase beginnt, bieten sich für Eltern viele Gelegenheiten, allmählich aus dem unangemessenen Bedienen auszusteigen. Erwachsene, die sich aus den Lernprozessen des Kindes zugunsten seiner Lernerfahrung zurückziehen, ermöglichen ihrem Kind zu erkennen und zu zeigen, was es interessiert, was es will und was es kann. Für die Kinder entsteht dadurch Freiraum für Autonomie und Wachsen. Für Eltern entsteht mehr Raum, ihr Kind bei seinem Tun zu betrachten, dies mit Worten zu beschreiben und es dadurch in seinem Selbstwert zu bestärken. Langfristig entspannt dies den Alltag für die ganze Familie.

Anerkennen, was ist – statt loben

Verwöhnen könnte auch bedeuten, dass das Kind irritierend und übertrieben für das gelobt wird, was es sich an Entwicklungsschritten erarbeitet hat. Es wird dann seine eigene Freude dadurch vielleicht nicht so deutlich wahrnehmen wie die überlaute Freude von außen. Lob kann Kinder irritieren, wenn sie beispielsweise zum ersten Mal auf die Rutsche klettern und dafür mit Bravo-Rufen bedacht werden. Häufiges Lob kann »süchtig« machen, weil Kinder sich dadurch langfristig auf die äußere Bewertung mehr verlassen als auf ihr inneres Gefühl. Wenn Ihr Kind Sie freudig und erfüllt anschaut, weil es etwas geschafft hat, braucht es meist nicht mehr als Ihren bestätigenden Blick und Gesichtsausdruck

Dabei erfährt das Kind seine ersten Erfolge beim Lernen und speichert sie mit dem begleitenden Gefühl der eigenen Freude ab. Für gutes Lernen ist nicht allein wesentlich, was gelernt wird, sondern besonders auch, in welcher Stimmung welche Grunderfahrungen gemacht werden. Wenn Ihr Kind in die Schule kommt, wird es aus diesen Erfahrungen, die es mit Ihnen und anderen nahen Menschen machen durfte, schöpfen. Und natürlich ist gemeinsame Freude oft doppelte Freude!

Elternfrage: »Warum soll denn Loben falsch sein? Es macht doch für alle ein gutes Gefühl!«

Die kurze und spontane Antwort »Bravo, super gemacht!« kommt so leicht über die Lippen. Das Kind versteht, dass Sie sich freuen, es weiß jedoch nicht wirklich, worüber. Und es bleibt die Frage, was danach kommt. Wiederholt Ihr Kind die gleiche Aktion, weil es entdeckt hat, dass Sie sich freuen, und es dies wieder hervorrufen will, oder macht es weiter in seinem Erlebensraum und ist wieder bei sich und seinen Forschungen? Ein schnelles, begeistertes Lob kann dazu führen, dass Kinder ihre Aktivitäten mehr danach ausrichten, welche Effekte sie bei den Erwachsenen hervorrufen, als darauf, was für sie gerade richtig und angemessen ist und was ihnen von innen heraus Freude bereitet. Sie achten dann weniger darauf, was sie wirklich begeistert oder interessiert, doch genau das wären die Voraussetzungen für nachhaltiges Lernen.

Wie wäre es, dem Kind, wenn es zu Ihnen blickt, zuzunicken oder zuzulächeln und ihm zu zeigen: »Ich sehe dich und bin bei dir.« Vielleicht beschreiben Sie dabei in Ihren eigenen Worten, was gerade ist: »Jetzt hast du dich zum ersten Mal selbst wieder auf den Rücken zurückgedreht. So lange hast du es probiert und jetzt geschafft. Du strahlst und freust dich. Ich freue mich auch.« Oder: »Jetzt bist du auf dem Brett entlangbalanciert und hast dich so stark angestrengt, das konnte ich sehen. Ich freu mich auch, dass du bis zum Ende durchgekommen bist.«

Große Gefühle meistern

Kann ich dich nehmen, wie du bist? Mit deinem Temperament und der ganzen Palette deiner Gefühle? Von Geburt an werden immer neue Facetten des Kindes sichtbar, und Eltern können es kaum erwarten, ihr Baby krabbeln oder später laufen zu sehen und das erste gesprochene Wort zu hören. Über die ganze Elternzeit überraschen Kinder ihre Eltern, entwickeln sich mal ähnlich und mal mit ganz anderen Gaben und Wesensarten, als sie selbst sie haben. Mal scheinen sie dem Vater ähnlicher, mal der Mutter oder einem anderen Mitglied der Familie. Das Kind macht ständig neue Erfahrungen, reift dabei und die Antworten der Eltern auf dieses Erblühen und Wachsen müssen immer neu gefunden und angepasst werden. Manchmal werden die Eltern durch die individuelle Eigenart ihres Kindes beeindruckt und hin und wieder auch heftig irritiert sein. Mutter und Vater sind oft überrascht, wenn sie das erste Mal erleben, wie das Baby von starken Gefühlen überschwemmt wird und wie sie selbst auf dieses Ereignis reagieren. Auch wenn sie bemerken, dass ihr Kind ein gänzlich anderes Temperament mitbringt, kann das verunsichern, und vielleicht fragen sich manche Eltern, ob sie ihrem Kind gerecht werden können. »Warum bist du so schüchtern und zurückhaltend und gehst so anders in die Welt als ich?«, »Ich kann es kaum aushalten, dass du lieber auf meinem Schoß sitzt als die Welt zu erforschen.« Oder: »Warum bist du so ein Draufgänger, sei doch mal bedächtiger, dann kann ich dich besser schützen. In Ruhe geht das doch besser.« Oder das Kind zeigt das gleiche Temperament wie Sie, und es macht Ihnen Sorge, dass es scheinbar die gleichen schmerzhaften Erfahrungen machen wird wie Sie, das würden Sie gern vermeiden. Das alles führt leicht dazu, Ihr Kind »mit den besten Absichten« ändern zu wollen.

Wenn Sie es feinfühlig begleiten, geben Sie ihm den Raum, zu erfahren und auszugestalten, was in ihm liegt, und es kann herausfinden, was ihm eher schwerfällt. Das Kind wird zunehmend mit in den Familienprozess und in gemeinsame Entscheidungen einbezogen. Jedoch heißt das noch lange nicht, dass Eltern durch dieses einfühlsame Begleiten des Kindes »belohnt« werden, indem das Kind sich gut benimmt oder immer gehorcht, wenn es darauf ankommt. Es wird weiter je nach Temperament überflutende Gefühle zeigen, die schrill, fordernd und lebhaft ausgelebt werden. Eltern, die die Wege der Feinfühligkeit im Beziehungsleben beschreiten, erzählen, wie leicht und bereichernd das Leben mitei-

nander ist, weil sie einerseits durch mehr Wissen um die Entwicklungsprozesse und durch den respektvollen Umgang zufriedener sind. Andererseits erleben sie aber auch oft Situationen der Hilflosigkeit, weil sie wenig Austausch mit anderen Eltern haben, mit denen sie ihre Haltung und ihr Vorgehen reflektieren können. Sie fragen sich zum Beispiel: »Ist mein Beweggrund, Ja zu sagen, jetzt gerade echt oder habe ich nur keine Lust und Kraft, mich durchzusetzen?«, »Halte ich es wirklich aus, das Kind seine Erfahrung machen zu lassen?« oder: »Will ich das eigentlich nicht, aber wenn ich jetzt einschreite, wird es schimpfen und toben, das halte ich aber nicht aus, also mache ich, was das Kind will?« Diese und andere Fragen können in gut geleiteten Gruppen hilfreich besprochen werden.

Stimmige Worte finden

Auch beim Umgang mit den Gefühlen und Bedürfnissen aller Familienmitglieder sollte es das Ziel sein, als »Eltern gut genug« zu sein und kein Forschungs- und Perfektionsprojekt daraus zu machen. Einfühlsame Kommunikation ist auch ein Weg, sich selbst besser zu verstehen und sich weiterzuentwickeln, am besten zusammen mit dem Kind. Die Persönlichkeitsentwicklung bei Kindern findet immer statt. Die Möglichkeit, auch die erwachsene Persönlichkeit weiterzuentwickeln, ist ein Bonus, ein Gratisgeschenk des Elternseins.

Kaum jemand sonst kann Sie so in Wallung bringen wie Ihr Kind. Das Kennenlernen, Annehmen und Formulieren der eigenen Gefühle hilft Ihnen und Ihrem Kind sich zu orientieren. Ihre Stimmungen spürt es bereits von Anfang an, dabei ist es sehr wertvoll, wenn Sie nicht nur Ihre freundliche oder glückliche Seite zeigen, weil Sie das Kind vor eigenen, unangenehmen Stimmungen schützen wollen. Es wird weniger unruhig reagieren, wenn Sie Ihr Gefühl nicht in den Untergrund drängen. So können Sie vermeiden, es aus Sorge zu belasten oder ihm etwas Sonniges vorzuspielen. Sie könnten zum Beispiel sagen: »Mir geht es heute früh nicht so gut, ich bin noch müde« oder »Ich habe mich geärgert, aber du warst nicht der Grund.«

Manche Gefühle von Kindern sind für Eltern leicht anzunehmen, vor allem, wenn es um »positiv« bewertete Gefühle geht wie zum Beispiel Freude oder Begeisterung. Sich mit daran zu freuen, wie Ameisen in einer Prozession kleine Blüten zu ihrem Hügel tragen, und viele andere kleine Dinge begeistert wiederzuentdecken, ist eines der wertvollen »Geschenke«, die Kinder uns machen. Deutlich schwieriger ist es, wenn bei ihnen Gefühle von Trauer, Ärger, Wut oder Angst aufkommen und die Eltern in ihrer Verbundenheit dabei mitschwingen. Dann braucht das Kind Eltern, die selbst gut für sich sorgen können und sich nicht in diesen Gefühlen verlieren. Eltern, die mitfühlen, verstehen, alle Facetten annehmen und eventuell trösten können.

Manchen Eltern fällt es jedoch schwer, ihre eigenen Gefühle zu benennen und auszudrücken, weil sie als Kind weder die großen Gefühle zeigen durften noch gelernt haben, über sie zu sprechen. Dies wird nun aber in der Elternschaft wichtig. Sie können entdecken, wie bereichernd es sein kann, dem Kind Worte für sein Gefühl anzubieten. Sie werden an dessen Reaktion erfahren, ob ihre Einschätzung stimmt, und können damit auch selbst eine neue Gefühlssprache entwickeln, die dem Kind Orientierung und Halt gibt.

Elternfrage: »Wie gehe ich mit meiner Wut auf mein wütendes Kind um?«

»Ich werde selbst so wütend, wenn Franziska sich voller Wut auf mich stürzt, weil ich Ihr wieder etwas nicht erlaube. Und sie hat mit ihren fast drei Jahren schon ordentlich Kraft!«

Die Wut eines Kindes kann sehr leicht auf die Erwachsenen überspringen – Wut macht wütend. Zum einen schwingen Sie immer mehr oder weniger mit den großen Gefühlen Ihres Kindes mit – und umgekehrt. Zum anderen bekommen Sie bei der kindlichen Wut auch oft Schreien, Beißen und Hauen ab, und das macht wirklich wütend! Damit der/die Erwachsene nicht selbst zurückschreit oder gar schlägt, braucht es einen inneren Perspektivwechsel-Schalter. Das heißt: Kurz innehalten, sich selbst wahrnehmen, spüren und überlegen, was im eigenen Inneren gerade los ist. Prüfen Sie:

Haben Sie Schlafdefizit, sind Sie hungrig, fühlen Sie sich alleine gelassen mit den großen Entscheidungen, sind Sie in Zeitnot, haben Sie zu viele Aufgaben,, fällt Ihnen keine Lösung ein, fühlen sich nicht wertgeschätzt, haben Sie das Gefühl, bei anderen geht alles besser …?

Was macht Ihre Atmung, welche Verspannungen sind im Körper spürbar?

Dann nehmen Sie die Perspektive des Kindes ein und versuchen zu verstehen, warum es gerade so fühlt. Prüfen Sie:

Hat Ihr Kind schon vorher Zeichen gegeben, dass es nicht mehr kann oder es etwas anderes braucht, und Sie konnten nicht darauf eingehen?

Haben Sie es mit Ihren Erwartungen überfordert, waren Sie zu schnell, wollten Sie zu viel, oder will Ihr Kind etwas aus Ihrer Sicht Unmögliches?

Dieses Reflektieren kann helfen, aus der eigenen Wut wieder herauszukommen, ohne jemanden zu verletzen, und das Kind in seinem Gefühlsausbruch wieder anzunehmen und zu begleiten.

Auch sich selbst gilt es anzunehmen. Wenn Eltern in ihrer Wut wirklich weit außer sich geraten sind und ihr Kind angeschrien haben, so dass es wirklich erschrocken ist und weint, braucht die Wut in Zukunft ein anderes Ventil. Wenn der Zorn in die Hände fährt, ist es gut in die Luft boxen oder wie ein Wutkasper herumzuhüpfen, das erleichtert und dreht die Stimmung. Wenn anklagende, verletzende Worte wütend aus dem Mund poltern, hilft es zu wissen, dass an der gewaltfreien Sprache am leichtesten gearbeitet werden kann. Dass Vater oder Mutter die eigenen Gefühle annehmen und zeigen, ist wichtig und ein gutes Vorbild für Kinder. Aber die Verantwortung für die eigenen Stimmungen muss bei den Eltern bleiben, auch wenn die Kinder der Auslöser für die Gefühle sind. Eltern können gut und ehrlich sagen, dass sie gerade wütend sind, denn Wut ist auch eine Kraft. Die Frage ist nur, was in der Wut passiert. »Ich bin wütend, weil es so laut geworden ist und ich mich nicht mehr konzentrieren kann. Seid bitte leise!« So zeigen sie Ihr Gefühl und sorgen für sich. Dem Kind die »Schuld« an der eigenen Verfassung zu geben, ist unfair und zu viel Verantwortung. Wenn es Sätze hört wie »Ich bin so erschöpft, weil Du immer noch mehr haben willst. Nie ist es genug. Kannst Du nicht einfach mal folgen und machen was ich sage!« schieben die Erwachsenen die Verantwortung für ihre Kraftlosigkeit oder Hilflosigkeit ihren Kindern zu. In solcher Stimmung sollten Erwachsene sich Zeit nehmen und sich bewusst machen, was sie brauchen, um aus ihrer Wut, Traurigkeit oder welchem Gefühl auch immer wieder auftauchen zu können. Traurigkeit, die nichts mit dem Kind zu tun hat, können Eltern zeigen und erklären: »Ich bin traurig, weil Oma krank ist.« Traurigkeit, die durch das Kind ausgelöst wurde, sollten sie mit anderen Erwachsenen besprechen und vom Kind abkoppeln. Ein »Ich bin traurig, weil du nicht auf mich hörst und mir nicht hilfst«, verwirrt das Kind und bürdet ihm Verantwortung auf, die nicht die seine ist. Wenn ein Elternteil wirklich durch das Kind traurig wird, sollte er für seine eigenen Bedürfnisse gut sorgen. Wenn sein Satz an das Kind nur Manipulation ist, um es zum Mithelfen oder Ruhigsein aufzufordern, wäre die für beide bessere Idee, klar zu sagen, was gewollt wird: »Ich will, dass du mit aufräumst. Ich fange schon damit an, was übernimmst du?«

Konfliktsalat

Konflikte gehören zum Familienleben dazu, sowohl zwischen den Eltern, zwischen Eltern und Kindern als auch unter den Geschwistern, wenn mehrere Kinder da sind. Konflikte entstehen auch unter befreundeten Kindern, im Spiel und eigentlich immer, wenn unterschiedliche Bedürfnisse und Wünsche da sind. Sie entstehen sogar in einer einzigen Person als innerer Konflikt, wenn sie zwischen mehreren Bedürfnissen und Möglichkeiten hin- und hergerissen ist.

Konflikte sind gesund, wenn sie konstruktiv ausgelebt werden, und manchmal doch schwer verdaulich. Gern hätten viele Eltern ein harmonischeres und friedlicheres Leben mit ihren Kindern, und sie fragen sich, wie mit den Konflikten umzugehen ist, ohne dass jemand ernsthaften Schaden nimmt.

FenKid-Tipp: Ich weiß noch nicht

Wissen Sie bei einem Konflikt zwischen Ihnen und Ihrem Kind nicht, wie Sie sich verhalten sollen, dann halten Sie kurz inne. Spüren Sie nach, worum es eigentlich geht, und behalten Sie die unterschiedlichen Perspektiven im Blick. Nehmen Sie sich die Zeit, die Sie brauchen, atmen Sie ein paar Mal gut durch und entscheiden Sie, ob Sie Ja sagen, wenn Sie Ja meinen, Nein sagen, wenn Sie Nein meinen, oder noch mehr Zeit brauchen, um darüber nachzudenken. Eine kurze Ansage: »Ich brauche Zeit, um zu überlegen, was für mich richtig ist« und später Ihre gefasste Entscheidung zu begründen, macht es Ihrem Kind leichter zu verstehen, warum diese so ausfällt. Dabei kommt es nicht auf geschickte Argumente an, sondern darauf, sich selbst ernst zu nehmen.

Gerade für spätere Zeiten, wenn Ihr Kind sprachlich so weit ist, um zu diskutieren, ist es nicht hilfreich, so lange Argumente für oder gegen eine Überlegung zu suchen, bis Ihr Kind einverstanden ist. Das könnte manchmal Tage dauern. Es geht vielmehr darum, die Argumente des Kindes aufzunehmen, deutlich zu machen, dass Sie darüber nachdenken, um dann mit etwas Zeit für eigene Überlegungen eine Entscheidung zu treffen, mit der Sie gut in die Führung gehen können.

Gesunde Konflikte zwischen Vater/Mutter und Kind haben meist einen ganz bestimmten Verlauf:

- Sie wollen etwas von Ihrem kleinen Kind oder wollen, dass es etwas lässt. Zum Beispiel wollen Sie am Morgen mit Ihrem Kind aus dem Haus, es soll daher seine Schuhe und seine Jacke anziehen.
- Ihr Kind will etwas anderes als Sie, oder es will etwas von Ihnen, das Sie nicht wollen. Zum Beispiel will Ihr Kind lieber noch spielen, als sich anzuziehen, und bleibt im Zimmer, statt zu Ihnen zu kommen.
- Ihr Kind kämpft um sein Interesse, seinen Wunsch, sein Bedürfnis. Es ruft: »Neiiiiin, noch spiiiielen!!« und wehrt sich wütend gegen Ihre Versuche, es zum Mitkommen zu bewegen.
- Der Konflikt findet schnell ein Ende, wenn einer der beiden nachgibt. Zum Beispiel weil Ihr Kind Sie überzeugen konnte, wie wichtig es ihm ist und Sie noch genügend Zeit haben, abzuwarten bis das Spiel abgeschlossen ist oder unterbrochen werden kann. Oder wenn Sie nach einem vielleicht zu schnellen Nein nach nochmaliger Überlegung Ihre Meinung ändern, weil es gute Gründe für Sie gibt, erleben Sie keinen Gesichtsverlust, sondern steigen aus einem unnötigen Machtkampf aus. Eltern dürfen ihre Meinung ändern, wenn sie sie nochmals überdacht haben. Das wird ihr Kind nicht verwirren. Wenn Sie zum Beispiel merken, dass eigentlich noch Zeit genug ist, um den Turm und die Tiere drumherum fertig aufzubauen, könnten Sie sagen: »Gut, dann spiele noch ein wenig weiter, ich erledige auch erst noch … Ich komme in ein paar Minuten und hole dich dann erst.«
- Wenn Sie bei Ihrer Meinung bleiben und Nein zum Wunsch des Kindes sagen, wird es je nach Temperament seine Frustration, seinen Ärger oder seine Wut spüren und ausdrücken. Sie können es dabei gut begleiten, indem Sie diese Gefühle mit aushalten und für die Sicherheit aller sorgen: »Ich bleibe in der Nähe«, »Ich lasse nicht zu, dass du das kaputt machst«, »Ich will nicht, dass du mir wehtust.« Sie könnten zu Ihrem Kind sagen: »Tut mir leid, dass du nicht fertig spielen kannst. Ich muss jetzt wirklich mit dir los! Komm bitte

mit!« Wenn Ihr Kind dem nicht nachgeben kann, weil es wirklich unbedingt noch fertig spielen muss, wird es vielleicht weinen und laut protestieren und, wenn es sehr wütend ist, vielleicht nach Ihnen hauen, wenn Sie es berühren. Sie könnten dann sagen: »Ich verstehe, dass du dich darüber ärgerst. Du kannst nach der Krippe weiterspielen. Ich lass nicht zu, dass du mich haust, stopp, hör auf!« Dann braucht es vielleicht einen Augenblick Geduld und Ihre körperliche Präsenz, um das Kind freundlich, aber bestimmt in den Flur zu begleiten.

- Hat das Kind Gelegenheit bekommen, seinen Unmut auszudrücken, wird es nach einer Weile des Ärgers anfangen, darüber traurig zu sein, denn einem starken nicht erfüllten Wunsch folgt nach großer Wut eine Phase der Trauer. Wie lange das dauert, hängt ab vom Temperament, davon, wie viel Frust vorher schon erlebt wurde, von der Tageszeit und Ähnlichem. Manchmal dauert es eine Weile, bis das Kind für Zuwendung und Trost von Ihnen wieder zugänglich ist, und vorher wollen manche Kinder in Ruhe, aber nicht allein gelassen werden. »Jetzt warst du ärgerlich, weil keine Zeit zum Spielen bleibt. Und ich war aufgeregt, weil ich es heute eilig habe. Jetzt gehen wir los. Kannst du die Jacke selber anziehen oder soll ich dir helfen?«

Im Kleinkindalter helfen Sie Ihrem Kind bei Konflikten, wenn Sie darauf achten, dass es die Unterstützung bekommt, die es dabei braucht: Sicherheit, emotionale Anwesenheit und das Annehmen der Gefühle. Dann können Sie abwarten, bis der richtige Moment da ist, das Kind wieder in den Arm zu nehmen oder zu trösten. Kleinkinder brauchen meist gute Begleitung, um mit überwältigenden Gefühlen zurechtzukommen. Wenn der Konflikt zu Ende ist und sich alle Gemüter wieder beruhigt haben, können Sie, falls es noch Erklärung braucht, in ruhiger Atmosphäre darauf zurückkommen. Erst dann ist Ihr Kind vielleicht wieder in der Lage, Ihnen zuzuhören. Vermeiden Sie es jetzt, den Konflikt zu bewerten und Ihr Kind dafür zu kritisieren, dass es etwas vehement erkämpfen wollte, denn es ist ja ein Zeichen von Vertrauen zu Ihnen, dies zu zeigen, und ein Zeichen von Stärke, für ein Ziel einzustehen.

Austausch unter Eltern im Kurs

Kursleiterin: «Wie wir sehen konnten, beginnen die Kinder, mehr und mehr miteinander zu spielen. Manche gerieten dabei in Konflikte. Welche Beobachtungen habt ihr gemacht und gibt es Fragen dazu?«

Volker:
»Karl hat gerade wieder den Eimer von Sebastian genommen, beide haben dann daran gezogen und sich laut aufgeregt. Das hat so lange gedauert und war so laut, dass es mir doch wieder schwergefallen ist, nicht gleich einzugreifen. Gut, dass ich weiß, dass ich hier nicht so früh einschreiten muss und dass wir erst mal abwarten, ob sie es allein klären können. Außer wenn sie sich wehtun wollen, und das ist ja nicht passiert.

Anna:
»Timo ist so ein Draufgänger! Er hat in Windeseile alle Holzteilchen eingesammelt, in den Eimer gepackt und zu mir gebracht. Und dabei hat er wieder allen anderen die Teile aus den Händen gerissen! Das ist mir schon peinlich.«

Max:
»Lissi ist immer so ängstlich mit anderen Kindern. Wenn sie schon sieht, dass Carla in ihre Richtung kommt, will sie zu mir auf den Schoß. Heute habe ich mich gefreut, weil sie zum ersten Mal das Tuch festgehalten hat, als Emil es auch wollte. Aber dann kam er ihr zu nahe und sie ist doch wieder schnell weg und zu mir geflüchtet.«

Frieda:
»Mein Sohn lässt sich immer noch alles wegnehmen und das macht mir gerade Sorge, ob er wohl mal lernt, sich durchzusetzen? Müsste er das jetzt schon können? Und wie kann ich ihm dabei helfen?«

Charlotte:
»Ihr wisst ja alle, dass Carla gerade gern beißt, wenn sie etwas haben will oder ihr ein Kind zu nahe kommt. Heute war ich einmal schon auf dem Sprung sie davon abzuhalten, aber dann hatte es sich anders geklärt. Noch vor Kurzem wurde ich sehr wütend auf sie, wenn sie gebissen hat. Ich schämte mich vor den anderen und das andere Kind tat mir so leid. Ich bin sehr beeindruckt von der Gelassenheit der Gruppe und davon, wie das klare, aber respektvolle Einschreiten, wenn es nötig ist, uns beide zur Ruhe bringt. Ich sehe Carla jetzt wieder ganz anders.«

Konflikte unter Kindern unterscheiden sich manchmal im Ablauf von denen zwischen Erwachsenem und Kind, da Kinder zwar oft um etwas kämpfen und im Spiel Unterschiedliches wollen, aber meist ein Kind nachgibt und sich etwas anderem zuwendet oder sich Trost bei Erwachsenen holt, bevor die Spannung wirklich groß wird. Wenn allerdings beide auf ihren Positionen beharren, ist der Verlauf sehr ähnlich und geht über Frustration, Ärger, Wut zu Traurigkeit. Und es braucht Trost, meist für beide erregten Gemüter.

Kinder unter vier Jahren sind noch nicht in der Lage, sich in andere hineinzudenken und wirklich deren Perspektive zu verstehen. Sie sind deshalb auf Unterstützung angewiesen, wenn sie keine eigenen Lösungen im Konflikt finden. Zum Beispiel hilft es beiden Konfliktpartnern, die sich sehr aufgebracht um ein Spielzeug streiten und daran ziehen und zerren, wenn sich eine vertraute erwachsene Person dazusetzt, ihnen beiden eventuell die Hand auf den Rücken legt und beschreibt, was passiert: »Jetzt wollt ihr beide das Spielzeug und lasst es nicht los. Ihr seid beide sehr ärgerlich! Oh, das kann ich verstehen. « Meist reicht dieses Beschreiben, damit sich jedes Kind verstanden fühlen kann und auch versteht, was das jeweils andere Kind will und fühlt. Meistens finden Kinder dann eine Lösung des Konflikts, wenn die Erwachsenen eine Weile abwarten und den Ärger der Kinder mit aushalten können. Im vorangegangenen Kursgespräch ging es um Kinder im Alter von zwölf bis fünfzehn Monaten.

In FenKid-Kursen gibt es zu den möglichen Interventionen bei Konflikten unter den Kindern genaue Absprachen, die den Eltern weitere Handlungsspielräume eröffnen und den Kindern soziale Erfahrungen im sicheren Rahmen ermöglichen. Die Kinder im zweiten Lebensjahr zeigen ein verstärktes Interesse an den Handlungen anderer Kinder, haben aber ihre eigenen Pläne und Ideen, und so entstehen die ersten Konflikte. Der Austausch in der Elterngruppe hilft den Erwachsenen, die Entwicklungsschritte und Beweggründe ihrer Kinder zu verstehen. Dazu kommen die Einsichten in die unterschiedlichen Charaktere gleichaltriger Kinder. Daraus entwickeln die Eltern eine achtsame Zurückhaltung bei der Begleitung der Konflikte, die es den Kindern ermöglicht, eigene Wege zu finden.

Sie üben sich darin, erst dann einzugreifen, wenn ein Kind deutlich durch Mimik oder Sprache zeigt, dass es Hilfe braucht. Die Erwachsenen bieten von sich aus keine Lösungen für einen Konflikt an, sorgen jedoch für Sicherheit, indem sie eingreifen, möglichst bevor ein Kind einem anderen weh tut. Was diese kleinen SozialforscherInnen und AbenteurerInnen immer von ihren Eltern bekommen, sind Verständnis und Trost, wenn sie dies brauchen.

Kinder lernen und üben Konfliktstrategien mit Kindern unterschiedlichen Alters und besonders gut mit ihren Geschwistern. Einzelkinder profitieren davon, dass sie mit ihren Freunden auch streiten dürfen, und es ist sehr hilfreich, wenn sich die Erwachsenen über möglichst weit gesteckte Regeln absprechen.

FenKid-Tipp: Empathisch sein

Empathie bedeutet, sich in einen anderen Menschen hineinversetzen zu können. Das heißt, dass nicht nur Gefühle, sondern auch Gedanken, Absichten und Pläne einer anderen Person erkannt und verstanden werden können. Empathie ist mehr als Mitgefühl, es braucht Zeit, um zu reifen. Erlauben Sie Ihrem Kind vielfältige soziale Erfahrungen, dazu gehört auch das Rangeln, Erkämpfen, sich etwas Erobern. Empathie wird von Kindern meist zu früh erwartet, oft bevor sie die notwendigen Lernschritte gemeistert haben und in der Lage sind, sich in andere Personen einzufühlen und hineinzudenken. Wenn Sie erleben, dass Ihr Baby mit einem anderen Baby mitweint, ist das noch kein Mitgefühl, sondern eine Gefühlsansteckung oder ein Erschrecken über dessen Lautstärke oder Mimik. Später, meist im zweiten Lebensjahr, tröstet Ihr Kind ein anderes, das traurig ist oder weinen muss, auch gern so, wie Sie Ihr Kind trösten. Auch das ist noch keine Empathie, aber durchaus der Anfang von Mitfühlen.

Im Spiel von etwa dreijährigen Kindern beginnen diese miteinander zu lernen, wie es ist, verschiedene Rollen einzunehmen, zu verhandeln, wer welche Rolle hat und was gemacht wird. Sie fangen an, miteinander unterschiedliche Wünsche auszuhandeln, zu streiten und sich zu versöhnen. Hieraus entfaltet sich auch das empathische Empfinden des Kindes, das die Fähigkeit dazu bereits in sich trägt, jedoch erst noch wichtige Erfahrungen dazu sammeln muss, um später einfühlsam und verständig auf andere eingehen zu können. Erst im Kindergartenalter zwischen vier und sieben Jahren sind die Kinder zu echtem Perspektivwechsel fähig.

Geschwister: Süßes oder Saures?

Wenn Sie mit mehr als einem Kind zusammenleben, werden Sie früher oder später mit Geschwisterstreit umgehen lernen müssen, denn das ist eine wirklich große und wertvolle soziale Spielwiese für Kinder. Mit den Geschwistern lernen sie auf sehr direkte und ehrliche Art zu kommunizieren, zu verhandeln, sich zu streiten, sich zu versöhnen, sich gegen andere zu verbünden (auch gegen Sie natürlich), sich Verhaltensweisen abzuschauen, zu konkurrieren (auch um Sie), sich zu lieben und sich zu hassen. Je näher sich die Kinder im Alter sind, desto näher liegen gemeinsame Interessen und Spielideen, die zusammenschweißen, und desto mehr Streit gibt es, zumindest in den ersten Jahren.

Wenn durch Kita und Schule andere Peers wichtig werden, nehmen oft auch die Streitereien ab, und wenn dann wieder ein gemeinsamer Urlaub oder andere gemeinsame Unternehmungen anstehen, also wenn wieder mehr Nähe entsteht, häufen sich oft auch die Konflikte wieder. Elternpaaren geht es ja miteinander manchmal genauso. Reibungswärme schafft wiederum Nähe!

Wenn alles gut geht, ist und bleibt die geschwisterliche Beziehung meist die längste im Leben. Ob sie als wertvoll und angenehm erlebt wird, hängt von vielen Einflüssen im Laufe des Lebens ab. Eltern können aber in den frühen Jahren einen guten Grundstock dafür legen.

Es ist eine romantische Hoffnung, dass Eltern jedes Kind genau gleich behandeln und jedem gefühlsmäßig genau gleich verbunden sein können, denn Geschwister sind eben auch nie gleich und treffen bei ihren Eltern unterschiedliche wunde Punkte und Glückspunkte.

FenKid-Tipp: Sichere Räume

Um die größeren Kinder vor dem Forscher- und Zerstörungsdrang der kleinen Geschwister zu schützen und ebenso um den Kleinen einen geschützten Raum zu ermöglichen, hilft eine Raumtrennung oder ein Raumgitter. Das verhindert auch, dass den Großen zu oft abverlangt wird, vernünftig, umsichtig und vermittelnd zu sein, obwohl sie das mit ihren oftmals erst zwei bis vier Jahren noch gar nicht können.

Was Eltern trotz der unterschiedlichen Gefühle für eine gute Beziehung unter ihren Kindern tun können, ist: kein Kind zu bevorzugen, darauf zu verzichten, eins als Vorbild herauszuheben, nicht ständig das ältere Kind zum Nachgeben zu animieren, das kleinere nicht immer zu beschützen und vor allem die Schiedsrichterfunktion bei Konflikten zu vermeiden. Natürlich braucht das Baby den elterlichen Schutz vor Verletzung, wenn der zweieinhalbjährige Bruder voller Zorn auf es losgeht, weil es so viel Aufmerksamkeit von der Mutter bekommt und nicht mehr so viel Zeit und Energie für ihn übrig bleibt. Oder wenn die dreijährige Schwester wütend auf das Krabbelkind hauen will, weil es ihm schon wieder seine Bauklötzeburg kaputt gemacht hat. Bevor die Sprachentwicklung ausgereift ist, kämpfen Kinder mit all den Mitteln, die sie zur Verfügung haben, und das sind Hände, Zähne, Füße, ihr ganzer Körper. Bis Sprache den Körpereinsatz wirklich ersetzt, vergehen aber oft einige Jahre.

Dann braucht es von den Erwachsenen schnelles körperliches Stoppen, eventuell Trösten, wenn es schon wehtat. Das brauchen wahrscheinlich beide, weil beide sehr aufgeregt sind. Danach ist ein Gespräch mit dem größeren Kind hilfreich: »Das lasse ich nicht zu, dass du haust! Das will ich nicht. Ich sehe, dass du sehr wütend bist, und kann verstehen, dass es ganz doof für dich ist, dass dein Bruder die Burg kaputt gemacht hat. Komm, wir überlegen zusammen, was dir helfen kann.«

Sie werden selbst erkennen, wann die Kleinsten herausgefunden haben, wie sie sich gegenüber dem älteren Geschwisterkind mehr und mehr behaupten können, dies meist auf sehr beeindruckende Weise. Spätestens dann können Sie sich mehr und mehr aus der beschützenden Funktion für das jüngere Kind zurückziehen. Wenn die Geschwister ihre Konflikte sprachlich austragen können, müssen sie nicht mehr so viel hauen, beißen und rangeln, was nicht heißt, dass sie dann auf körperliches Kämpfen und Kräftemessen verzichten werden. Ihre Kinder werden ihr Bestes geben, Sie mit sehr kreativen Lösungen ihrer Konflikte zu überraschen, und im Notfall zu Ihnen kommen, wenn sie Hilfe brauchen, wenn sie wissen, dass Sie sich mit Schuldzuweisungen zurückhalten.

Kein Kind ist wie ein anderes und kein Konflikt wie ein anderer. Gerecht wäre daher eher, jedem Kind sein jeweiliges Gefühl zu erlauben und die unterschiedlichen Bedürfnisse stimmig zu begleiten. Viele Konflikte unter den Kindern zu erleben, kostet Eltern Kraft und Nerven und bedarf guter Selbstfürsorge. Im Moment von großem Geschrei und Tränen hilft es Ihnen wahrscheinlich wenig zu wissen, dass Ihre Kinder Streit genauso brauchen wie harmonisches Zusammenspiel, um sich voneinander abzugrenzen und sich neu zu verbinden. In diesem Moment wollen Sie vielleicht einfach nur Ruhe.

Dann ist es genauso legitim zu versuchen, den Konflikt zu beenden, ohne dabei Partei zu ergreifen und zu fordern, dass Sie jetzt Ruhe brauchen und keinen Streit mehr ertragen wollen: »Hört jetzt auf, es ist mir zu laut!« Manchmal hilft das. Wenn nicht: Entfernen Sie sich etwas und sorgen Sie für sich. Warten Sie in Ruhe ab, bis die Kinder kommen, um getröstet zu werden. Eine gemeinsame Suche im Sinne von: »Was könntest du beim nächsten Mal tun, ohne zu hauen?«, kann gute Impulse setzen, die wahrscheinlich erst langfristig Früchte tragen, aber immerhin!

Elternfrage: »Wie kann ich beiden Kindern gerecht werden?«

»Ich möchte beiden Kindern gerecht werden und schaffe es nicht. Immer hab ich ein schlechtes Gewissen, dass eins zu kurz kommen könnte. Wenn ich sie im Streit erlebe, komme ich ins Strudeln, denn ich habe ja nicht gesehen, wer mit was angefangen hat. Wie schlichte ich dann wirklich gerecht?«

Das Bemühen um absolute Gerechtigkeit gehört in den Gerichtssaal. Eltern dürfen dabei kläglich scheitern, denn es geht im Streit der Kinder ja eigentlich um etwas anderes. Kinder üben sich in Konflikten und Eltern brauchen, wenn überhaupt, eher die Qualitäten eines Streitschlichters als die von Schiedsrichtern. Denn es geht nicht darum, den oder die Schuldigen im Konflikt zu finden, sondern darum, wie Kinder sich nach einem schmerzlichen Gerangel wieder annähern können und wie die Kontrahenten zu einer eigenen Lösung finden.

Allen Kindern in der Familie zu jeder Zeit gleich gerecht werden zu wollen macht vielen Eltern das Herz schwer, weil es einfach nicht geht. Die Liebe der Eltern vervielfältigt sich mit jedem Kind, aber leider nicht die Energie und die Zeit. Also werden Eltern immer abwägen müssen, welches Kind gerade mehr Unterstützung oder Aufmerksamkeit braucht, abhängig von den unterschiedlichen Bedürfnissen. Gerade die größeren Geschwister brauchen viel Zuwendung, wenn ein kleineres in die Familie kommt – das Baby bekommt meist sowieso die Nähe, die es braucht. Gut, wenn sich der Vater dann mehr um das größere Kind kümmern kann und die beiden dadurch näher zusammenrutschen.

Trotzdem werden einige Konflikte schon bald Begleitung brauchen, wenn sich beim größeren Kind Frust und Ärger auf das Baby Bahn brechen. Dann heißt es, das Baby zu beschützen und das größere Kind zu verstehen, anzuerkennen, dass es gerade schwer ist, die Eltern nicht mehr allein für sich zu haben, und dass es okay ist, wütend oder traurig zu sein. Abhängig vom Temperament des Kindes zeigt es seinen Frust vielleicht erst Monate später, wenn es vom Geschwisterchen im Spiel gestört wird.

FenKid-Tipp: Verständnis für das größere Kind

Wenn Ihr größeres Kind nach der anfänglichen Mitfreude über das neue Baby plötzlich sagt: »Können wir das Baby zurückgeben?« heißt das nur, dass es im Moment gern wieder mit Ihnen allein wäre. Mehr nicht! Eine Antwort von Ihnen könnte sein: »Es dreht sich fast alles nur um deine kleine Schwester, das ist dir bestimmt oft zu viel. Und du hättest gern, dass es wieder ist wie früher, das kann ich verstehen.« Wenn das große Kind sich mit seinen Gefühlen und Wünschen nicht falsch fühlen muss, legen Sie einen guten Grundstock für eine liebevolle spätere Geschwisterbeziehung. Vertrauen Sie darauf. Sich gegenseitig auf den Mond zu wünschen und nicht ohne einander sein zu können, widerspricht sich bei Geschwistern nicht.

Wenn die Eltern sich streiten

Konflikte zwischen den Elternteilen gehören ebenso zum Familienalltag wie diejenigen unter und mit den Kindern. Gut, wenn die beiden es schaffen, eine konstruktive Streitkultur zu etablieren. Oder noch besser, wenn das Paar schon eine gemeinsame Streitkultur entwickeln konnte. Vielleicht waren Sie von Anfang an damit vertraut, trotz Verliebtheit unterschiedliche Wünsche und Bedürfnisse zum Ausdruck zu bringen? Konnten Sie die daraus entstandenen Konflikte auf eine Art lösen, bei der beide ihre Grenzen zeigen und ihr Gesicht wahren konnten? Haben Sie Kompromisse gefunden oder zeitweise eigene Wege beschritten, um sich an der nächsten Kreuzung wiederzutreffen und zusammen weiterzugehen? Oder hatten Sie Angst vor Konflikten, weil Sie es aus Ihrem Elternhaus als zu destruktiv erlebten oder damals alles unter den Teppich gekehrt wurde?

Auch hier haben Partner aus der eigenen Herkunftsfamilie ihre jeweils ganz persönlichen Erfahrungen mit der Konfliktbewältigung im Gepäck und daran schwer oder leicht zu tragen. Nun kommt für das Paar ein Kind ins Familiensystem, sie werden Eltern, die Beziehung und die Lebenssituation verändert sich deutlich. Unweigerlich kommen neue Bereiche dazu, die es voneinander zu erfahren und zu lernen gilt, die Austausch brauchen und bei denen beide bestimmt auch unterschiedlicher Meinung sind.

Konflikte in Liebesbeziehungen so vorbildhaft und konstruktiv zu leben, dass keinerlei Kränkungen und Verletzungen entstehen, ist eigentlich nur bei echten Heiligen möglich, wobei die meisten bekannten Heiligen ein Singleleben geführt haben. In der Zeit mit Baby oder Kleinkind ist der Wunsch nach Harmonie und Ruhe sehr groß und dessen Umsetzung doch fast unmöglich, weil die Nerven manchmal blank liegen und Müdigkeit und Anstrengung eine Grundgereiztheit mit sich bringen. Darum brauchen beide Elternteile Selbstfürsorge, Fürsorge füreinander, Entlastung von außen, Zumikos, entspannende Zeit und Freude mit ihrem Kind, allein und als Familie zusammen. So ist es möglich, sich nicht zu sehr zu verausgaben und noch Energie füreinander übrig zu behalten. Sie brauchen immer auch Kraft, die entstehende Reibung auszuhalten, ohne ein zerstörerisches Feuer zu entfachen. Die folgenden Beispiele werden dem nachgehen.

Elternfrage: »Darf man vor den Kindern streiten?«

»Wir streiten in letzter Zeit so viel vor unserem Kind, schon Kleinigkeiten bringen uns gegeneinander auf. Darf unser Sohn das mitbekommen oder sollen wir lieber warten, bis er schläft, damit er keinen Schaden nimmt?«

Kleine Kinder spüren die Stimmungen ihrer Eltern immer. Und so manches Mal kann ein Konflikt auch gar nicht auf eine zweisame Zeit ohne Kind verschoben werden, weil der Anlass als so heiß und brennend empfunden wird. Wenn Eltern Meinungsverschiedenheiten vor ihrem Kind austragen und damit die in der Luft liegende Spannung bereinigen, hilft das, die Atmosphäre in der Familie wieder zu klären. Natürlich wäre es wünschenswert, wenn sie dies auf eine Art und Weise schaffen, bei der keiner den anderen heftig anbrüllt und niemand verbal beleidigt und gekränkt wird, wenn Aggression und Wut zwar sein dürfen, aber keinen Schaden anrichten und die Eltern am Ende wieder freundlich miteinander sind und sich versöhnen. Die Kinder dürfen all das dann so miterleben. So zu streiten, wie Eltern sich das langfristig auch von ihren Kindern wünschen, gibt die Richtschnur für sie vor – Eltern sind auch hierbei Vorbild. Dabei kommt ihr Wunsch, eine gute Streitkultur zu entwickeln oder sie zu verbessern, oft daher, dass sie dem Kind zuliebe eine Umgangsform suchen, die es nicht durch laute unfreundliche Auseinandersetzungen erschreckt oder verunsichert. Das ist ein guter Grund, der allen nützt! Jesper Juul spricht davon, dass das Beste, was Eltern für ihre Kinder tun können, ist, gut für die Elternpaarbeziehung zu sorgen. Gelingende, konstruktive Konfliktbewältigung ist ein Teil dieses Weges.

Kränkend sind meist die Du-Aussagen mit Anschuldigungen und Vorwürfen, Kritik und Verteidigung, die in unachtsamen Momenten oft leicht als Erstes aus dem Mund purzeln. Alternativ dazu könnten Sie sich darin üben, Ihre Gedanken, Gefühle und Wünsche auszudrücken und von sich zu sprechen: »Ich will, dass …«, »Ich empfinde, dass …«.

EINE KLEINE GESCHICHTE

Die Familie sitzt zusammen beim Abendessen, zwei Kinder von eineinhalb und dreieinhalb Jahren sowie Mutter und Vater. Das eineinhalbjährige Mädchen sitzt auf Vaters Schoß und wird gefüttert, der Junge sitzt neben der Mutter. Er ist satt, hüpft auf seinem Stuhl herum, macht Faxen, um seine kleine Schwester zum Lachen zu bringen, und wird immer lauter. Die Kleine lacht und versucht nachzumachen, was der Bruder vormacht. Beide trommeln bald auf den Tisch und singen laut. Die Eltern werden zunehmend genervt und unruhig. Schließlich setzt der Vater seine Tochter recht barsch zurück auf ihren Hochstuhl und herrscht seine Frau an: »Kannst du nicht endlich mal dafür sorgen, dass unser gemeinsames Abendessen friedlich abläuft. Immer muss ich auf den Tisch hauen, dabei habe ich den ganzen Tag schon viel geredet und mich über meinen Chef geärgert. Dann kannst du doch zu Hause wenigstens mal für Ruhe sorgen. Du verwöhnst die beiden so, dass sie uns auf der Nase herumtanzen und immer frecher werden!«

Die Mutter entgegnet: »Du kannst dich ruhig auch mal mehr hier einbringen. Ich habe die beiden nach der Arbeit von deiner Mutter und der Kita abgeholt. Du hast eh immer den leichteren Part, weil du Vollzeit arbeitest. Dann könntest du wenigstens am Abend auch mal was tun. Und so unfreundlich, wie du mit den Kindern schimpfst! Ich finde dich unmöglich! Du Macho!«

Die Kinder fühlen sich sichtlich unwohl, die kleine Tina fängt an zu jammern und will zur Mutter auf den Arm. Ihr Bruder hält sich die Ohren zu und singt immer lauter vor sich hin: »Tina ist doof, Tina ist doof ...«

Die Mutter bringt die Tochter ins Bad und bittet den Sohn mitzukommen. Sie ignoriert ihren Mann, der ebenfalls beleidigt anfängt, laut scheppernd den Tisch abzuräumen. Erst nachdem die Kinder im Bett sind, finden die Eltern Zeit, um noch einmal ruhiger miteinander zu reden, und versöhnen sich wieder.

PERSPEKTIVWECHSEL

Eltern: *Beide sind erschöpft und müde nach dem Arbeitstag, beide sind unzufrieden mit der Situation am Familientisch. Jeder fühlt sich vom anderen nicht gewürdigt und so kritisieren sich beide gegenseitig. Die Stimmung wird unfreundlich, und der Konflikt wird beleidigt abgebrochen.*

Kinder: *Das kleinere Mädchen reagiert mit Unsicherheit auf die Stimmung der Eltern und fühlt sich unwohl, was es durch Jammern und ein Nähebedürfnis zeigt. Der Junge ist ebenfalls deutlich verunsichert und will nicht mehr hören, was die Eltern sich an den Kopf werfen. Die Kinder bekommen nicht mit, dass ihre Eltern sich am Abend wieder versöhnen, und werden sich erst am nächsten Tag beruhigen können, wenn die Eltern zeigen, dass der Konflikt beendet ist und sie wieder normal miteinander umgehen.*

Wie könnte das Abendessen alternativ ausgehen? Der Vater würde zu den Kindern sagen: »Das ist mir hier viel zu laut und unruhig! Ich bin müde und brauche langsam meinen Feierabend. Karl, hör bitte auf, Faxen für Tina zu machen!« Und zu seiner Partnerin: »Anna, ich weiß, dass du auch müde bist. Kannst du bitte trotzdem Karl schon mal ins Bad mitnehmen und anfangen mit der Badprozedur. Ich füttere Tina auf ihrem Stuhl noch fertig und bringe sie dann ins Bett. Ich fände es schön, wenn wir nachher noch mal über andere Regeln am Tisch reden könnten. Hast du noch Energie dafür?«

Die Mutter würde erwidern: » Ja, ich gehe mit Karl schon mal vor. Ich habe das Gefühl, dass ich heute wirklich schon mein Limit erreicht habe, nachdem ich beide abgeholt habe und auch viel Stress in der Arbeit hatte. Kannst du das Abholen bitte morgen übernehmen, ich brauche den Tag morgen mal weniger anstrengend. Ich bin echt bedient und will heute nicht mehr mit dir über Erziehung reden. Lass uns einen Abend planen, an dem ich hoffentlich mehr Energie habe.«

Beide konnten sagen, was ihnen nicht passt und was sie sich wünschen, ohne dass jemand gekränkt wurde. Diese Art der Auseinandersetzung macht den Kindern weder Angst noch werden sie davon verunsichert. Die Kinder hören und fühlen, dass die Eltern angespannt und müde sind und dass beide für sich sorgen und nach Lösungen suchen.

Wenn Kinder beim Streit ihrer Eltern verunsichert werden, kann es ihnen helfen, wenn Mutter oder Vater sagt: »Ja, ich bin anderer Meinung und streite gerade mit Papa/Mama. Aber das hat nichts mit dir zu tun, wir müssen das klären und finden bestimmt einen Weg!«

EINE KLEINE GESCHICHTE

Die Familie will am Wochenende nach dem Frühstück einen Ausflug machen. Die Eltern wollen los, die Kinder, zwei und dreieinhalb Jahre, spielen noch im angrenzenden Zimmer, erst vertieft, dann zunehmend unruhiger. Sie hören den Eltern zu.

Mutter: »Ich habe den Kindern schon drei Mal gesagt, dass wir loswollen. Kannst du sie bitte endlich anziehen, langsam reicht´s mir. Ich will nicht die Antreiberin und Spaßbremse sein!!«

Vater: »Ich habe schon die Sachen alle eingepackt, du kannst doch auch mal die Kinder anziehen. Ich mache das unter der Woche schon dauernd, damit Du nicht so früh los musst. Du willst immer die Liebe sein. Lass Dir doch nicht immer auf der Nase rum tanzen, dann würden sie mehr auf dich hören.«

Mutter: »So brauchst du nicht schon wieder anzufangen! Da habe ich gleich gar keine Lust mehr. Ich bleibe zu Hause.«

Vater: »Ach so! Schon wieder die beleidigte Leberwurst. Mit dir habe ich auch keine Lust mehr auf den Ausflug. Kinder, wir bleiben hier! Das habt ihr jetzt davon, dass ihr so trödelt!«

Die Kinder protestieren laut, das jüngere fängt an zu weinen ...

Wenn Eltern sich wegen der Kinder streiten, kann dies belastend für die Kinder sein, weil sie sich an der Missstimmung zwischen den beiden Menschen, die sie lieben und von denen sie emotional abhängig sind, schuldig fühlen. Diese Auseinandersetzungen sollten am besten auf die zweisame Zeit ohne Kind verschoben werden, um in Ruhe die Meinungen und Wünsche zu »Erziehung« und »Beziehung« auszutauschen und einen gemeinsamen Weg zu finden.

Manchmal wird der Frust auf den Partner oder die Partnerin zu Lasten der Kinder ausgelebt. Im Beispiel sind es scheinbar die trödelnden Kinder, doch tatsächlich hat sich zwischen den Eltern etwas aufgestaut, was sich dann Bahn brach. Auch das wird in den ersten Jahren oftmals einfach geschehen und aus diesen schmerzhaften Kämpfen wird das Paar Erfahrungen sammeln. Die Partner müssen Wege finden, sich zuzuhören und sich gegenseitig zu vertrauen. Auch wenn ein Elternteil gerade einen Konflikt oder eine Klärung mit einem Kind führt, ist es für den anderen ratsam, sich nicht einzumischen. Das ist meist wirklich schwierig, vor allem, wenn das Kind versucht, den anderen mit einzubeziehen. Manches Mal hilft es dann nur, sich auf die Zunge zu beißen oder den Raum zu verlassen, was für jemanden, der Konflikte nicht gut aushält oder das Kind schützen will, eine gewaltige Herausforderung darstellt. Danach braucht es meist eine ruhige Gelegenheit ohne Kind, bei der beide Eltern ihre Befindlichkeiten klären, eigene Bedenken und Wünsche ausdrücken.

EINE KLEINE GESCHICHTE

Frieda will das Handy nicht hergeben und die Mutter wird sauer, fordert lauter die Herausgabe und droht, als sie nicht weiterkommt: »Gib es mir sofort. Wenn nicht, lese ich dir nachher nicht das Buch vor. Ich habe keine Lust mehr zu diskutieren.« Beide sind wütend und Frieda gibt nach, weint aber heftig. Der Vater findet das Verhalten seiner Partnerin zu unfreundlich und würde gern vermitteln, denn die Eltern wollen es nach vielen Überlegungen und Diskussionen schaffen, keine strafenden Konsequenzen mehr anzudrohen. Er hat aber bereits aus eigener Erfahrung gelernt, dass es sich nicht gut anfühlt, wenn seine Frau sich bei ihm einmischt, also hält er sich aus dem Konflikt heraus und geht lieber ins andere Zimmer. Von dort hört er wie seine Frau zur Tochter sagt: »Ich war so wütend, aber jetzt habe ich mich wieder beruhigt. Ich lese dir gerne die Geschichte vor. Das war gerade nicht richtig von mir.«

Wenn Sie sich von Ihrem Partner oder Ihrer Partnerin eine andere Haltung im Umgang mit Ihrem Kind wünschen, nützen Anschuldigungen und Kritik am Verhalten sehr wenig. Hilfreicher ist es, eine Gelegenheit zum Austausch über eine bestimmte Situation oder allgemein über den Umgang miteinander zu finden, in der Ihre Stimmung wohlwollend füreinander ist. Bei diesem Gespräch kann es gelingen, die eigenen Gefühle zu erklären und eigene Erfahrungen in ähnlichen Situationen mit dem Kind mitzuteilen, ohne zu belehren. Es braucht die gegenseitige Anerkennung, dass es nicht immer gelingen kann, feinfühlig und verständnisvoll zu sein. Auch dafür, dass jedes Elternteil seine eigenen Erfahrungen mit Konflikten machen muss (und darf). Eltern sollten sich gegenseitig den Raum geben, um sich verständnisvoll zuzuhören und Absprachen zu treffen, wann der oder die andere wirklich gebraucht wird. All das, sowie auch das Teilhabenlassen an gelungenem Kontakt, kann zu einer tragenden Brücke zwischen Paaren werden. Im Familienleben wird es immer wieder Momente der Harmonie geben. Genießen Sie diese Zeiten! Immer harmonisch miteinander umzugehen, ist ein Wunsch, der sehr verständlich ist, aus der Perspektive eines lebendigen, erfüllten und lehrreichen Familienlebens jedoch ziemlich langweilig wäre.

Beste Stärkung für Eltern: Selbstfürsorge

Gut für sich sorgen

Für sich selbst sorgen, das kommt bei Müttern oder Vätern, die im ersten Jahr bei ihrem Kind zu Hause sind, oft ganz zuletzt. Da ist endlich alles eingepackt, das Baby im Kinderwagen, vielleicht haben Sie diesen gerade schon etliche Stufen heruntergeschleppt, und dann fällt Ihnen ein: »Hunger, Durst! Schnell in die nächste Bäckerei.« Oder Sie bemerken mittags, dass von dem eigentlich unverzichtbaren Morgentrank erst ein Schluck bei Ihnen angekommen ist, der Rest steht nun kalt herum.

Besonders wenn das Kind schon krabbelnd oder gar laufend die Wohnung erobert, wird Eltern eine hohe Aufmerksamkeit abverlangt, die durch Schlafmangel oder andere Energieräuber nicht immer aufrechterhalten werden kann. Damit es dann für Sie und Ihr Kind nicht gefährlich wird, hilft es wie bereits beschrieben, einen Teil der Wohnung kindersicher zu halten, eventuell durch ein mit Türgitter gesichertes Zimmer oder ein großes Spielgitter, in das Sie Ihr Kind bringen können, wenn Sie wichtige Aufgaben erledigen müssen. In solchen Momenten können Sie dann auch von der hohen Konzentrationsstufe kurz herunterfahren und eine Pause machen.

Einen sicheren Raum zu haben, hilft schon sehr. Wenn Sie dazu noch einige andere Tricks zur Hand haben, umso besser. Viele Frauen und Männer verfügen über ein geheimes Reservoir an Möglichkeiten, um sich aus großem Stress oder Erschöpfung zu retten. Aber gerade in diesen Zeiten mit kleinem Kind ist es leicht, sie zu vergessen: Yogaübungen, Tai-Chi, kleine Dehn- und Streckeinheiten, Entspannungsbäder, manche Menschen malen oder zeichnen gern zur Entlastung, andere lesen Gedichte oder Lebensweisheiten. Kleben Sie sich Erinnerungen, kleine Wegweiser oder Fotos an den Kühlschrank oder wohin es bei Ihnen passt, damit Sie beim Vorbeigehen hinschauen und kurz eine kleine Entspannung einbauen können. Manchmal hilft auch nur ein Stehenbleiben: Foto anschauen, tief ein- und ausatmen, und schon geht's weiter. Wenn es einige gute Atemzüge mehr werden, umso besser.

Austausch unter Eltern im Kurs

Kursleiterin: »Nun sind eure Kinder sehr mobil und ihr habt gerade wenig Zeit für anderes. Womit oder wie tankt ihr auf?«

Kerstin:
»Ich habe eine Freundin, die kommt ab und zu und massiert mich zu Hause. Wenn es klappt und Lukas schläft, ist das die reine Wonne. Wenn das nicht mehr klappt, werde ich sicher öfters zur Massage in eine Praxis gehen. Ich bin so verspannt vom Tragen, das hilft mir weiter.«

Lotte:
»Ich werde manchmal durch die Müdigkeit so träge und unruhig, dann suche ich mir die passende Musik und bewege mich dazu, manchmal auch mit Mira. Dann pendelt sich das wieder ein. Ich habe früher viel getanzt, das sind schöne Erinnerungen.«

Jutta:
»Ich habe entdeckt, dass ich gar nicht weit weg von einem Schwimmbad wohne. Da gehe ich hin und schwimme einige kräftige Bahnen. Es ist so unglaublich, wie stark es auf mich wirkt, nur eine kurze Zeit ganz für mich zu haben. Das kann ich natürlich nur, wenn Mika gut versorgt ist.«

Paula:
»Wenn Johannes schläft, lege ich mich oft dazu. Dann bleibt halt alles liegen, aber mein Mann und ich haben jetzt entschieden, dass die Haushaltshilfe öfters kommen soll und ich die Zeit anders nutzen kann, eben auch für mich. Manchmal kann ich aber nicht schlafen, dann geh ich in die Badewanne. Da sind schon 15 Minuten ein Genuss.«

Peter:
»Wenn meine Frau heimkommt, gehe ich eine Runde laufen. Manchmal treffen wir uns auf halbem Weg, dann übergebe ich ihr Tobi und laufe direkt los. Ich muss mich bewegen, mit Tobi stehe ich gerade viel herum und schaue. Das entschleunigt zwar, aber macht so müde Beine. In meinem Tempo zu laufen, fühlt sich dann gut an. Auf dem Heimweg bringe ich dann Pizza mit und wir machen es uns gemütlich.«

Michaela:
»Ich mache einen Bodyscan, das habe ich in einem Achtsamkeitskurs gelernt, und ich benutze manchmal eine Anleitung auf CD. Da tauche ich ganz tief in mich ein und ganz erfrischt wieder auf. Manchmal nicke ich auch kurz weg, aber das erlaube ich mir.«

Ein wohlwollendes Umfeld schaffen

Blogs, Chats und Ähnliches stehen zum Glück heute vielen Müttern und Vätern zur Seite, wenn Informationsbedarf besteht und Fragen zum Neuland Elternschaft drängen. Noch stärkender ist der direkte Austausch mit anderen Eltern und gemeinsame Erlebnisse mit anderen Familien. Das unterstützende Miteinander in einer Gruppe, zu erfahren, in der Eltern sich wohlfühlen und Kinder sich begegnen können, vielleicht Neues mit ihnen gemeinsam gestalten und auch Gespräche führen können, die in die Tiefe des Seins gehen, wird meist als sehr wertvoll erlebt

Junge Eltern brauchen in der heutigen Zeit, in der schnell gelebt und sehr viel Wert auf Leistung gelegt wird, mehr denn je ein wohlwollendes Umfeld. Unterstützung durch die Großeltern kann ein Geschenk sein, wenn sie in der Nähe sind und mit anpacken wollen. Um Unterstützung in der Nachbarschaft zu finden, braucht es das Glück, offene und bereite Menschen im Umfeld vorzufinden. Das ist nicht leicht, da viele Paare mit den ersten Kindern in eine größere Wohnung oder eine ruhigere Gegend ziehen und erst einmal neue Beziehungen aufbauen müssen. Freunde sind hilfreich, wenn sie auch schon Eltern oder am Elternsein interessiert sind. Manche Freundschaften (und das hätte man sich vorher nie träumen lassen) geraten auf ein Abstellgleis und werden oft erst nach Jahren wieder aktiviert.

Es tut gut, sich mit Eltern zu treffen, mit denen es immer vertrauter wird und man vielleicht auch über ein gemeinsames Vorgehen bei einzelnen Herausforderungen in der Begleitung von Kindern reden kann. Unausgesprochene Erwartungen und Vorstellungen in der Erziehung können solche Beziehungen beschweren. Vielen Eltern ist es unangenehm, über den eigenen Stil zu kommunizieren und die anderen in ihrem Vorgehen so zu akzeptieren, wie sie sind. Schon so manche Mutter hat den Besuch des Lieblingsspielplatzes aufgegeben, weil unter den dort anwesenden Eltern aus ihrer Sicht seltsame Erwartungen kursierten und die Atmosphäre ausgesprochen giftig wurde. Somit sind die Eltern-Kind-Treffs und die unterschiedlichen Kursangebote, die in den letzten Jahren zahlreicher geworden sind, eine wertvolle Ergänzung unseres gesellschaftlichen Lebens. Auch wenn Qualität und Inhalt je nach Konzept und Kursleitung sehr unterschiedlich sein können, gibt es immer die Aussicht, Freundschaften zu schließen. Wenn dann auch noch aufschlussreiche und dem Alter des Kindes gemäße Informationen dazu kommen, ist ein guter Austausch über die vielen Wege der »Erziehung« von Kindern möglich und bereichernd. Dann erkennen Eltern ihre Kompetenzen und schöpfen Selbstbewusstsein, weil sie erleben, dass sie sich mit den schwierigen Themen nicht allein abmühen.

Liebes-Paar bleiben

Wenn das erste Kind da ist, verändert sich die vertraute Paarbeziehung. Eltern werden und zugleich Liebes-Paar bleiben ist nicht immer leicht, denn vieles bewegt sich, manches Tragende bleibt und neue Facetten kommen dazu. Manche Paare haben bereits gemeinsam Durststrecken überwunden – vielleicht weil sie eine Fernbeziehung lebten oder weil durch einen Karriereschritt oder eine berufliche Neuorientierung die Aufmerksamkeit anderweitig gebunden war. Nun verbindet sie das Elternsein auf eine neue Weise. Diese Erfahrungen, als Frau Mutter zu werden und als Mann Vater, lassen sich nicht zurücknehmen, und auch nicht, dass jede, jeder sich dabei verändert. Das bedeutet, dass Sie sich nun auch als Eltern kennenlernen, und das wird aufregend und spannend sein. Sie haben – oftmals unbewusste – Vorstellungen und Wünsche an Ihre Frau oder Ihren Mann, wie sie oder er eine gute Mutter oder ein guter Vater wäre. Sie bringen Ihre jeweiligen Erfahrungen mit der eigenen Mutter und dem eigenen Vater mit in die Elternschaft. Die eigenen Eltern gaben Ihnen positive, weniger unterstützende oder gar belastende Erfahrungen mit, die Sie nun als Vater oder Mutter mit im Gepäck haben. Manches davon werden Sie gern nutzen, anderes gut verschlossen im Koffer lassen wollen. Und doch wird gerade das manchmal als »Springteufelchen« unvermutet aus Ihrem Koffer hüpfen.

Eltern werden

Das Erlebnis der Geburt Ihres ersten Kindes ist der Beginn der neuen Ära Elternschaft. Vielleicht konnten Sie bereits in der Schwangerschaft von Ihrer Mutter Wichtiges über Ihre eigene Geburt und die Geburtskultur der damaligen Zeit erfahren. Sicherlich hat dieses Wissen und die Informationen zur Vorbereitung auf die Geburt Ihre eigenen Wünsche und Erwartungen geformt. Dennoch kann es sein, dass Sie einiges im Geburtsverlauf überwältigt hat und Sie sich erst langsam ins Muttersein einfinden konnten. Oder Sie haben eine Kraft gespürt, die Sie bis dahin noch nicht in sich kannten, was Sie nun als Frau und Mutter stärkt. Nicht nur Sie werden nun neue Seiten an sich kennenlernen.

Vielleicht war für Sie als Mann Ihr eigener Vater einer der ersten Männer in Ihrer Familie, der bei der Geburt seines Kindes, also bei Ihnen, dabei sein konnte und wollte. Oder Ihre Eltern haben ein anderes Rollenbild gelebt, und Sie selbst haben sich als erster Mann in der Familientradition entschieden, Ihre Frau bei diesem großen und dennoch natürlichen Geschehen zu begleiten. Sie haben dabei womöglich selbst intensive Gefühle erlebt, die unvorstellbar und manchmal auch umwerfend gewesen sein können. Das pure Glücksgefühl stellte sich vielleicht erst ein, als es allen Beteiligten gut ging. Vorher lösten sich wahrscheinlich Neugierde, Unbehagen, Angst, Hilfsbereitschaft und Hilflosigkeit ab. Gab es notwendige Interventionen während der Geburt, die Ihnen beiden schnelle Entscheidungen abverlangten, oder kam es zu einer ungeplanten Schnittentbindung, haben Sie beide, Mann und Frau, tiefe Ängste um die Gesundheit Ihres Babys durchlebt, und mancher Mann musste Minuten oder Stunden der Ungewissheit über den Zustand seiner Frau und des Babys durchleben – und dies meist allein. Nach diesen oft grenzüberschreitenden Erfahrungen muss die Seele verdauen. Jetzt bräuchte es eigentlich Zeit, um miteinander und/oder mit Vertrauten darüber zu reden. Auf die Paarbeziehung können die durchlebten großen Gefühle stärkend und bereichernd wirken, es kommt aber auch vor, dass sie überfordern und sich die Partner dadurch voneinander entfernen. Dann helfen gute Freunde oder auch eine Beratung mit Fachleuten, um diese Krise zu überwinden.

Durch die schnell aufeinanderfolgenden Ereignisse im Familienleben kommen Paare oft erst mit dem ersten Geburtstagsfest des Kindes und nach dem gemeisterten ersten Lebensjahr dazu, zurückzuschauen und über das Erlebte zu sprechen, zu weinen und zu lachen. Was Sie miteinander vollbracht haben in diesem ersten Jahr, davon werden Sie wohl viele Jahre zehren und sich lange daran erinnern.

FenKid-Tipp: Wenn Mann und Frau sich vermissen

Für sehr viele Paare kommt es in den ersten Jahren der neuen Elternschaft zu einer Durststrecke in der Partnerschaft. Dies ist eine natürliche Wellenbewegung in der Beziehung, weil nach dem Zauber der Geburt nun das Familienleben tatsächlich mehr Energie fordert. Die wechselseitige Zufriedenheit mit dem Leben als Paar sinkt, bedingt durch den Zuwachs an Stress, Schlafmangel, Unlust und den Rückzug mancher Freundeskreise, etc. Manche Partner erleben es krisenhaft, den Übergang vom Liebespaar zum Elternpaar zu meistern. Hilfreich sind Klarheit in der Aufgabenverteilung und die Fähigkeit sich mit unterstützenden Menschen zu vernetzen. Bleiben die Paare dabei im Gespräch und in der gegenseitigen Anerkennung und im Vertrauen auf bessere Zeiten, hilft dies durchzuhalten, um nicht auf die Idee zu kommen, dass dieses Schiff bereits sinkt und es besser wäre es zu verlassen. Dieses Schiff kann meist noch etliche Stürme und viele Sonnentage erleben.

Eltern sein

Die kleinen und großen Erlebnisse in der neuen Aufgabe werden Sie mehr oder weniger herausfordern. An großen Wegkreuzungen werden Sie Entscheidungen treffen, die gemeinsam als Paar getragen werden müssen: Aufgabenverteilung, Elternzeit, Tagesbetreuung oder Krippe, Kita, Vereinsleben, Umgang mit Medien, bei Krankheiten oder Trennungen und vieles mehr. An anderen Stellen werden Sie aus sich heraus allein die Verantwortung für Ihre Entscheidungen tragen, wie zum Beispiel, ob es heute vor dem Essen Schokolade gibt, welche Kleidung das Kind bekommt, wie Sie es durch einen Konflikt begleiten. Für diese wichtigen Entscheidungen brauchen Sie gegenseitiges Vertrauen, um eine stimmige Haltung in der Beziehung mit Ihrem Kind – jeder für sich selbst und doch auch gemeinsam – herausfinden zu können. Das verlangt Ihnen einiges ab. Sie lernen sich dabei neu kennen, und dies auch in manchmal heftigen Auseinandersetzungen, in denen Sie nicht nur ruhig diskutieren werden, mit möglichen Aggressionen aufeinander, aber auch mit tieferem Verständnis füreinander.

Um seinen eigenen Standpunkt in kniffligen Situationen mit dem Kind oder dem anderen Elternteil zu finden und danach handeln zu können, hilft es, möglichst bei sich zu sein. Die meisten Eltern wollen heute nicht mehr autoritär erziehen, und versuchen möglichst authentisch zu sein. Jedoch wird unter dem Begriff Authentizität Unterschiedliches verstanden. »Möglichst aus dem Bauch heraus?«, »Intuitiv?«, »Nicht direktiv?« Wenn die Erfahrungen der eigenen Kindheit prägend waren und Eltern in schwierigen Situationen voller Hilflosigkeit mehr oder weniger unbewusst das kopieren – schlagen, schreien, erpressen –, was die eigenen Eltern mit ihnen vollzogen haben, ist unser Handeln nicht authentisch. Eltern verfallen hin und wieder in alte Rollenmuster. Wenn sie dies später bedauern, ist die Chance groß zu erkennen, was die wertschätzendere Antwort oder Handlung gewesen wäre. Daraus kann ein Lernergebnis resultieren, das sich mehr und mehr authentisch anfühlt. Statt eines bissigen Kommentares oder einer Beschimpfung, weil die Wut so heiß war, entwickeln Eltern die Gabe, rechtzeitig und direkt zu sagen, was sie empfinden und was sie wollen.

Heute ist es in vielen Familien möglich, so zu leben, dass das Wohlergehen der Familiengemeinschaft als ebenso wertvoll wie das persönliche Wohlergehen geachtet wird. Hier hilft auch das Bild der Wippe: »Kann ich uns allen zumuten, mich meiner Gesundheit zu widmen und laufen zu gehen, oder braucht mich die Familie gerade, damit die Kinder in Ruhe in den Schlaf begleitet werden können?« Für solche Fragen gibt es jeden Tag eine andere stimmige Antwort, die immer wieder herausgefunden werden muss. Dies fordert heraus, die eigene Position zu finden, zu prüfen, abzuwägen, zu vertreten, im Gespräch darüber zu bleiben, die anderen Perspektiven zu hören und ernst zu nehmen.

FenKid-Tipp: Wegweiser für die Elternschaft

- Erlauben Sie sich gegenseitige Zeiten für sich allein.
- Gehen Sie aus, sobald wieder Lust dazu aufkommt (was durchaus länger dauern kann), und binden Sie dafür rechtzeitig eine vertraute Person zur Unterstützung für das Kind mit ein. Diese sollte, wenn möglich, nicht ständig wechseln.
- Genießen Sie es, als Eltern »gut genug« statt »perfekt« sein zu dürfen und auch als Paar »oft genug« statt »immer« füreinander da zu sein.
- Unausgesprochene Erwartungen erschweren die Liebe. Die- oder derjenige von Ihnen, die beim Kind zu Hause ist, wird wahrscheinlich ein gut gesättigtes Berührungs-Reservoir haben und vielleicht auch weniger Lust auf Sex. Dafür aber ein starkes Bedürfnis nach intellektuellem Austausch. So mancher Streit macht deutlich, dass Sie mehr darüber wissen sollten, wer von Ihnen sich was wünscht.
- Werden Sie kreativ in der Ortswahl, um zu kuscheln und zu lieben, wenn das Elternbett von Kindern belegt ist. Gemeinsame Verabredungen zum Sex erhöhen die Vorfreude und schaffen Gelegenheit. Geben Sie der Lust eine Chance, sobald Sie sich dafür bereit fühlen.
- Die hormonellen Prozesse der Frau können das Liebesleben verändern. Noch viele Monate nach der Geburt haben einige Frauen ein mangelndes sexuelles Verlagen oder gar keine Lust. Dies hängt auch mit dem erhöhten Prolaktinspiegel zusammen, der lustmindernd wirkt und einem erniedrigten Östrogenspiegel, der ähnlich wie später im Klimakterium, die Vagina trocken und rissig werden lässt. Mancher Frau gefällt es Cremes lustvoll ins Liebesspiel einzubeziehen, um dem abzuhelfen.
- Auch psychische Belastung und Stress wirken sich lustdämpfend für Frau und Mann aus. Verschaffen Sie sich als Paar gegenseitig Entlastung, Pausen zum Krafttanken, und ermutigen Sie sich alle Möglichkeiten der Unterstützung von anderen anzunehmen.
- Fragen Sie sich immer mal wieder, was an Ihrem Mann, an Ihrer Frau wertvoll für Sie ist – und finden Sie Wege, sich dies mitzuteilen.
- Schenken Sie sich gegenseitige Anerkennung für die unterschiedlichen Verantwortungen und Aufgaben, die Sie füreinander und für die Familie übernommen haben.
- Nehmen Sie Ihr Kind in Ihr Herz, aber übergeben Sie ihm nicht die Macht, als Mittelpunkt Ihr ganzes Leben auszufüllen.

Im Rückblick wird sich erst zeigen, ob unsere Gesellschaft gefestigter und tragfähiger wird, wenn mehr Menschen authentisch entscheiden, ob sie sich gerade für sich oder für die Gemeinschaft einsetzen wollen und können. Dies schreiben wir aus unserer Überzeugung heraus, dass es einer Gemeinschaft immer am besten geht, wenn es den einzelnen Mitgliedern gut genug geht. Wenn jede und jeder Einzelne gut für sich sorgt und dennoch dabei die anderen nicht aus den Augen verliert, dann wäre das Zusammenleben sicher nicht unbedingt einfacher aber fairer. Dazu tragen Paare und Eltern mit großem Anteil bei, denn sie leben ihren Kindern an erster Stelle vor, wie dieser Weg gegangen werden kann.

Jesper Juul sagt immer wieder in seinen Vorträgen: »Wir können als Eltern so authentisch wie möglich sein, aber es ist ein lebenslanger Prozess, herauszufinden, wer ich bin und was ich tun und lassen will und wofür ich stehe. In der Paarbeziehung bedeutet das unter anderem, das Ich und das Du genauso wertzuschätzen wie das Wir. Das ist das Lernfeld, in dem deutlich werden kann, dass eine Entscheidung für ein echtes eigenes Bedürfnis kein Nein zum Partner ist, sondern ein Ja zu sich selbst. Der andere wird dabei ebenfalls lernen können, dass dies keine Ablehnung der eigenen Person bedeutet.«

Eine Möglichkeit in einen wertschätzenden Dialog zu treten, könnte sein, sich zu einem Termin zuhause zu verabreden und sich gegenseitig ungestört zu erzählen, wie es beiden gerade miteinander geht (die Kinder sind woanders gut betreut, die Handys für eine Stunde aus). Dabei könnten Sie die Gesprächsform der Zwiegespräche von Lukas Möller wählen, in der jede Person eine feste, unkommentierte Redezeit bekommt und nur von sich selbst spricht, ohne Du-Botschaften, ohne Anklage und Kritik. Manche Paare mögen es nicht gleich über ein Problem zu reden oder sich im Affekt direkt miteinander auseinanderzusetzen und schreiben lieber im akuten Zwist oder Frust den Anlass auf einen Zettel. Diesen legen sie in eine dafür vorgesehene Box und ziehen einen der angesammelten Zettel zur verabredeten Zeit heraus. Darüber lässt sich dann in entspannter Atmosphäre besser reden.

Zumiko: Zu mir kommen

Viele Studien zur Prävention von Burnout und Stress bestätigen die positiven Wirkungen von Achtsamkeitsübungen. Sie werden als zusätzliche stärkende Maßnahmen bei chronischen Krankheiten eingesetzt und wirken auch besonders hilfreich in Momenten der Überforderung im zwischenmenschlichen Geschehen.

Aus unterschiedlichen körpertherapeutischen Ansätzen und achtsamkeitsbasierten Methoden, bieten wir Ihnen hier zum Abschluss eine kleine Auswahl an. Wir haben die kurzen Übungen zur Entlastung oder zur Vorbeugung Zumiko genannt.

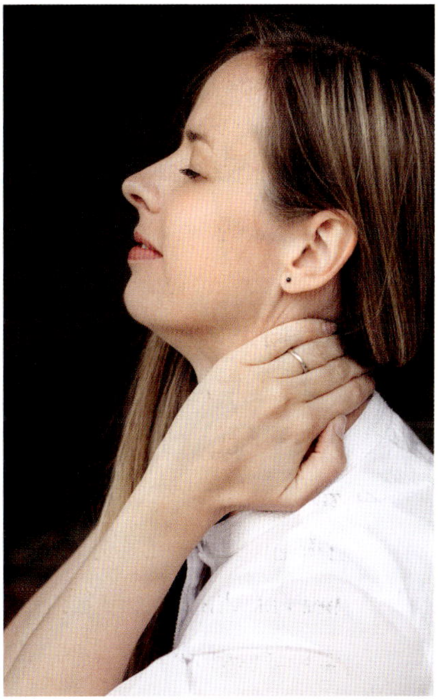

FenKid-Zumikos holen Sie zu sich, wenn Sie außer sich sind. Sie ermöglichen es, im Alltag innerlich auf die Stopp- und Reset-Taste zu drücken. Wir bieten Ihnen einige kurze, einladende Zumikos an, die von den meisten FenKid-Eltern als hilfreich angesehen wurden.

Wenn Eltern gereizt werden, ungeduldig zu den Kindern oder dem Partner sind, sich zu erschöpft fühlen und nicht weiterwissen, ist der Moment gekommen, um einen Besuch bei sich selbst zu machen. »Zu mir kommen« bedeutet, sich eine Chance des Ausgleichens zu geben, bevor die Stimmung eskaliert und die Kinder angebrüllt oder anders gekränkt werden. Manche Eltern schrieben uns, dass Sie diese kleinen Übungen anfangs genutzt und dann wieder vergessen haben, andere aber, dass sich nach einer Weile des Übens wirklich etwas in ihnen verändert und dass Wertschätzung sich selbst gegenüber in ihrem Leben Einzug gehalten hat. Es macht unbedingt Sinn, eigene Wege der Deeskalation zu entwickeln, denn über uns als Vorbild lernen Kinder auch den Umgang mit ihren eigenen großen Gefühlen. Das ist wirklich eine der wichtigen Aufgaben als Eltern, deren Resultate sich auch in unserer gesellschaftlichen Entwicklung zeigen werden.

Vorbildlich leben heute – das ist weder kalt, distanziert oder disziplinierend. Nein, es ist eher wärmend, wohlwollend und dabei ernsthaft im Ausdruck der eigenen Gefühle. Als Mutter und Vater ein Vorbild zu sein, ist ein Lernprozess, der mit der Geburt des ersten Kinders begonnen wird und für den es keine Norm gibt. Jeder Mensch ist auf ganz eigene Art anders. Dies auch als Paar zu entdecken und anzunehmen, ist die Startrampe für immer klarer werdendes Handeln und eine wertvolle Entdeckungsreise zu sich als Person, als Partnerin, als Partner, als Mutter, Vater, als Großeltern. Mit dem Elternwerden bekommen Sie Verantwortung und auch Macht über Ihre Kinder. In der Art und Weise, wie Sie diese Macht einsetzen, wird das Zusammenleben als mehr oder weniger wertvoll erlebt. Familienleben mit Qualität zu füllen, das können Erwachsene lernen. Aber überfordern Sie sich nicht mit der Vorstellung, eine gute Mutter oder ein guter Vater müsse alles gleich richtig machen und immer sofort wissen, was angebracht wäre. Erlauben Sie sich, Fehler zu machen, zumal diese oft mit großen Einsichten einhergehen. Was in der Fülle des Alltags wirklich greift und umsetzbar ist, zeigt sich erst nach einigen »Fehlzündungen«. Nur Mut, da müssen auch die Großen durch! Sobald Sie also in einer der nächsten herannahenden Wellen der Eskalation spüren, dass ein großes Gefühl Sie selbst zu überschwemmen droht, sichern Sie das Umfeld, damit nichts passieren kann, und treten Sie für einen Moment aus dem Kontakt mit Ihrem Kind heraus.

Den Anfang machen

Zu sich zu kommen beginnt…

- mit dem Abwenden/Umwenden des **Blickes** hin zu sich selbst,
- mit einem echten oder mentalen **Schritt** zur Seite,
- mit **Worten** wie: »Moment mal, ich muss darüber nachdenken, ich sag dir gleich Bescheid.« Oder: »Ich weiß gerade nicht, worüber ich mich so ärgere, es hat etwas mit mir zu tun, nicht mit dir.« (Das sagen Sie jeweils natürlich nur, wenn es stimmt.) Kinder reagieren meist sehr entlastet auf solch einen Satz, weil sie in diesem Moment spüren, dass Sie sich um sich kümmern und nicht nur ihr Verhalten im Fokus haben.

FenKid-Tipp: Wahrnehmen (was ist gerade los in mir?)

Spüren Sie der Bewegung Ihres Atems nach: dehnt sich der Brustkorb aus beim Einatmen, bewegt sich Ihr Bauch dabei, wie ist der Rhythmus Ihres Atems? Konzentrieren Sie sich einige Augenblicke auf Ihren Atem, ohne ihn ändern zu wollen. Falls er sich ändert, ist dies aber völlig in Ordnung. Welche Gedanken hatten Sie gerade im Kopf? Müssen Sie noch etwas zu Ende überlegen? Dann stellen Sie sich vor, dass Ihr Kopf eine kleine Denkpause macht und die Gedanken kurz parken dürfen. Wenden Sie sich nun dem Gefühl zu, das Sie als erstes spüren. Wo im Körper können Sie es wahrnehmen? Legen Sie dorthin einen Augenblick lang Ihre Hand und fühlen Sie von außen Ihre Berührung.

Bei Ärger und Wut

⊙ Gehen Sie mit Ihrer Vorstellung ans andere Ende des Körpers, zu Ihren Fußsohlen. Geben Sie etwas Druck auf Ihre **Fersen** und bewegen Sie sie etwa so, als würden Sie eine Kuhle in feinen Sand drücken. Dann fühlen Sie nach, wie Sie jetzt stehen, verändern den Druck auf die Fersen und machen sie ganz leicht. Verfolgen Sie nach, wo Sie Ihre Fußsohlen belasten und wo sie nicht den Boden berühren. Machen Sie eine kleine schwingende Bewegung von der Ferse bis zu den Fußspitzen und leiten Sie Ihren Atem ein paar Mal dorthin. Wenn Sie wollen, schicken Sie mit dem Atem den Ärger durch die Sohlen davon. Dann halten Sie inne und spüren nach.

⊙ Oder Sie ballen eine Hand zur **Faust**, erst ganz locker und dann verstärken Sie den Druck, halten ihn kurz und lassen dann langsam im Druck nach, bis Sie die Hand weit geöffnet haben. Dies dann mit der anderen Hand wiederholen, gern mehrmals. Sie können auch die Hände gegen eine Wand stemmen und etwas dagegen drücken, den Druck dann auch hierbei langsam zurücknehmen und pausieren, bevor Sie es wiederholen. Zum Abschluss tut es gut, die Hände auszuschütteln, die Handflächen zusammenzulegen und so einen Moment zu halten.

⊙ Im Jin Shin Jyutsu werden Fingerübungen, sogenannte **Mudras**, zum Abbau von Spannungen und zum Ausbalancieren der Gefühle genutzt. Diese einfachen Positionen werden mindestens drei Minuten gehalten. Nicola Kessler und Christiane Kührt (siehe Anhang) beschreiben das Heilströmen so: Umschließen Sie den jeweiligen Finger mit den Fingern der anderen Hand,

- den Daumen, wenn Sie sich Sorgen machen,
- den Zeigefinger bei Stress, Zeitdruck sowie großen und kleinen Ängsten,
- den Mittelfinger bei Frust, großem Ärger und Unentschlossenheit,
- den Ringfinger bei Trauer und altem Schmerz und

- den kleinen Finger, wenn Sie sich zu sehr bemüht haben, und wenn Sie noch lachen, obwohl Sie eigentlich weinen wollen.

Im Zwerchfell wird viel Spannung durch unterdrückten Ärger oder Sorgen gehalten. Die folgende Übung können Sie im Sitzen oder Stehen machen, in ruhiger Umgebung, aber auch unterwegs, wenn Sie in einer Warteschlange stehen oder am Spielplatz sind:

⊙ Begleiten Sie Ihren **Atem** bis in Ihre Mitte hinein. Stellen Sie sich vor, dass dort ein wunderschöner Schmetterling (oder ein Schwan, ein Rotkehlchen) mit jedem Atemzug etwas weiter seine Flügel öffnet und schließt oder wie sich eine Blüte (Rose, Gänseblümchen, Wasserlilie, Tulpe) langsam bei jedem Atemzug etwas weiter entfaltet. Tun Sie dies, ohne zu stark zu drücken oder forciert zu atmen und solange es Ihnen guttut. Wenn es Ihnen gut geht und Ihr Kind sicher ist, schließen Sie dabei die Augen oder schauen Sie mit geöffneten Augen mit Ihrer Aufmerksamkeit nach innen. (Bitte wählen Sie ein inneres Bild, das Ihnen guttut. Wenn die Vorschläge nichts für Sie sind, dann finden Sie ein eigenes Bild, mit dem es für Sie möglich wird, zu Ihrer Mitte hin zu atmen.)

Diese Übungen sind nur kurze Beschreibungen meist recht komplexer Methoden oder Achtsamkeitsschulungen.

Zur Entspannung

Anleitungen zu Anspannung und Entspannung, zum Beispiel für den Schulter- und Nackenbereich, sind in vielen Methoden der Wahrnehmungsschulung bekannt. Wählen Sie für die folgenden Angebote einen guten Sitzplatz, stellen Sie Ihre Füße nebeneinender und ruckeln Sie sich ein wenig zurecht, bis Sie Ihren Sitzbeinhöcker spüren und erlauben Sie sich einige ruhige Atemzüge, bevor Sie starten.

- Atmen Sie, während Sie bis vier zählen, tief in Ihre Lunge ein und schieben Sie gleichzeitig beide **Schultern** in Richtung Ohren. Beim Ausatmen lassen Sie die Schultern wieder sanft nach unten gleiten.

- Wählen Sie eine **Hand** und stellen Sie sich vor, Sie tauchten sie in angenehm temperiertes Wasser. Nun machen Sie mit dieser Hand Bewegungen, als wollten Sie das Wasser zum Schäumen bringen, quirlende, schüttelnde, drehende Bewegungen, mal kleinere, mal größere Kreise. Achten Sie darauf, ob Sie jedes Knöchelchen Ihrer Hand spüren. Halten Sie dann einen Moment inne, spüren Sie nach, wie sich diese Hand nun im Vergleich zur anderen anfühlt. Und dann fragen Sie sich, wie diese Bewegung noch leichter gehen könnte. Ihr Körper wird sofort eine Antwort wissen. Spielen Sie weiter, wenn Sie daran Gefallen haben, auch mit der anderen Hand. Was wäre leichter? Und noch leichter? So fragte Dr. Milton Trager bei den von ihm entwickelten Mentastics. Er war davon überzeugt, dass der Körper durch Visualisieren angenehmer Bilder zu schmerzfreien Bewegungen findet, die vitalisierend und ausgleichend wirken. Die Frage: »Was wäre leichter und noch leichter als das?« kann ein Quell neuer Entdeckungen sein.

Auch kleine Übungen nach Moshe Feldenkrais, die Sie von verschiedenen Therapeuten beschrieben auf Youtube finden können, bieten sich an. Zum Beispiel diese:

- Drehen Sie Ihren Kopf von einer Seite zur anderen und zur Mitte zurück. Dann führen Sie die Arme ausgestreckt vor der Brust zusammen und falten die Hände. Bringen Sie diese nun so gefaltet hinter den Kopf in den **Nacken** und drücken Sie den Kopf sanft dagegen. Bringen Sie die Hände wieder nach vorn, falten Sie die Hände nun andersherum und bringen Sie sie wieder in den Nacken. Dann drehen Sie sich mit Kopf und Schultern nach rechts und links, gern mehrmals, bringen die Hände wieder nach vorn und wechseln nochmals die Art, sie zu falten, bringen die Hände nach hinten und wiederholen das Drehen von rechts nach links. Dann lösen Sie die Hände und überprüfen nun, indem Sie den Kopf wieder von rechts nach links drehen, ob sich die Spannung verändert hat.

Zum Wachwerden und zur Stärkung

- Sind Sie müde und müssen noch ein wenig durchhalten, hilft dies hier: Fassen Sie an Ihr **Ohr** und gehen Sie mit neugierigen Fingern auf Entdeckungsreise. Wo ist es weich, wo lassen sich die feinen Knorpel bewegen und hin und her schieben, wo »halten Sie die Ohren steif?«. Gibt es Stellen, an denen Sie länger verweilen wollen, weil sich eine Art Wohlfühlschmerz einstellt? Das Ohr trägt viele Massagepunkte, die wach machen können. Kinder reiben oder ziehen sich auch ganz intuitiv am Ohr, wenn sie müde sind.

- Legen Sie für einen Moment die Hände auf die Augenpartie. Dann lassen Sie die Finger sanft nach außen zur **Schläfe** wandern und massieren leicht diese Region bis hinter beiden Ohren.

- Raufen Sie sich die **Haare**! Natürlich so geschmeidig und so fest, wie es angenehm ist. Greifen Sie mit den flachen Händen an die Kopfhaut und schieben Sie sie hin und her, soweit es sich gut anfühlt. Danach schicken sie die Fingerkuppen mit leichtem Drücken, Schieben und Massieren auf die Reise zu den angenehmsten Plätzen auf Ihrem Kopf, bis Sie wieder etwas mehr bei sich angekommen sind.

- Nehmen Sie einen **Igelball** oder Ähnliches und massieren Sie sich die Füße. Das gelingt auch im Stehen, wenn Sie Ihr Kind gerade viel tragen müssen. Wählen Sie den Druck auf die Sohle, der guttut, und wechseln Sie links und rechts ab. Oder Sie lassen den Igelball zwischen Rücken und Wand gleiten und bringen ihn an die Stellen, die Entlastung brauchen. Dieser Ball kann für die ganze Familie hilfreich sein.

- Wenn Sie bei Ihrem Kind am Boden sitzen, nehmen Sie eines der **Spielsachen** in die Hand. Erforschen Sie dieses Ding nun so, wie Ihr Kind das auch tut:
  - Wie hart ist es?
  - Hat es Kanten?
  - Ist es rund?
  - Wie schwer ist es?
  - Können Sie es mit der ganzen Hand umfassen?
    Oder mit den Fingern einzeln hineinfühlen?

Dann legen Sie es wieder aus der Hand. Vergleichen Sie nun die beiden Hände, ist etwas anders rechts und links? Meist fühlt sich die Hand, mit der Sie geforscht haben, wacher, intensiver, wärmer oder sogar größer an. Probieren Sie aus, wie es bei Ihnen wirkt.

Zum guten Schluss

Was wir Ihrer Familie für die Zukunft wünschen

Ein unterstützendes Netzwerk, das Ihnen in stürmischen und genussvollen Zeiten Halt und Freude gibt. Was daraus meist selbstverständlich entsteht, sind Treffen, um sich mit anderen Eltern auszutauschen und gemeinsame Zeit mit den Kindern zu verbringen. Bald kennen und schätzen Sie sich gut genug, um mit sicherem Gefühl für wenige Stunden das eigene Kind den anderen anzuvertrauen, und dies auch im Tausch möglich wird. So können Eltern ohne helfende Familienbande neue Beziehungen aufbauen und pflegen, in denen sie selbst und ihre Kinder das kleine Dorf erschaffen, das für ein gesundes Aufwachsen und ein gesellschaftliches Miteinander gebraucht wird. Dieses Netz entlastet immer, auch wenn die Hauptbetreuung des Kindes außerhalb des Elternhauses in Krippe, Großtagespflege und bei Tageseltern bereits organisiert ist.

FenKid-Tipp: Der letzte Tipp ist ein Wunsch

Wir wünschen den Eltern, dass sie das Arbeits- und Rollenmodell leben können, das für sie stimmig und wünschenswert ist, ohne Kritik von außen, dafür mit viel Vertrauen in ihre intuitiven Gefühle. Dafür braucht es flexible und kreative Angebote von Wirtschaft und Politik, die es den Eltern ermöglichen, sowohl gute Eltern als auch zufriedene und erfolgreiche ArbeitnehmerInnen zu sein. Vor allem wünschen wir den Eltern Zeit für sich selbst und für ihre Kinder, und ein gutes Maß an Kraft und Kampfeslust, um sich in ihrer Gemeinde, in Krippe, Kita und ihrem Lebensumfeld für ihre Bedürfnisse und die ihrer Kinder einzusetzen. Wir wünschen den Eltern Mut und Zuversicht für das Familienabenteuer und viel Freude daran, aus verschiedenen Perspektiven auf ihr Leben und auf ihre Kinder zu schauen.

Danke

Das FenKid-Geschenk für uns Autorinnen ist es, mit den jungen Eltern immer wieder neu in das Geheimnis gelingender Beziehungen eintauchen zu dürfen. Wir erleben, dass Frauen und Männer, die gerade Eltern geworden sind, einen direkten Zugang zu ihren elterlichen Kompetenzen haben. Mit einigen nützlichen Informationen, Austausch unter Gleichgesinnten, Networking und Selbstfürsorge finden sie einen ganz persönlichen, für sie stimmigen Weg zu einer respektvollen Haltung gegenüber ihren Kindern, Ihrem Partner oder Ihrer Partnerin. FenKid bietet dafür eine tragende, nährende Basis. Die Kinder, die mit diesen respektvollen und freundlichen Eltern aufwachsen dürfen, finden ihren Platz in der Welt und prägen unsere Zukunft hoffnungsvoll. Wir danken den Eltern für ihren Mut eigene Grenzen zu hinterfragen und zu überschreiten und damit im besten Sinne über sich hinauszuwachsen, genauso wie ihre Kinder es ständig tun – für uns der beste Weg zu gelingenden Beziehungen, in denen Eltern ihren Kindern liebevoll Halt geben.

Wir danken allen Eltern, die uns ermutigt haben, FenKid in die Buchwelt zu bringen, allen Eltern, die monate- und jahrelang mit ersten, zweiten, dritten und vierten Kindern unsere Kurse besuchen, und denen, die nach diesen eigenen Erfahrungen selbst in die Kursarbeit eintauchen und ihre Leidenschaft für Eltern und Kleinkindern zum Beruf werden lassen. Die FenKid-Idee konnte so kraftvoll werden, weil wir von Anfang an im Team der Häberlstraße die Themen des Elternseins und der Entwicklung vom Baby zum Kleinkind recherchiert, diskutiert und uns gemeinsam dazu positioniert haben. Diese Themen haben uns als Eltern selbst bewegt und uns als Kursleiterinnen dazu inspiriert, unterstützende Inhalte aufzubreiten. Was in den Kursen so leicht und gewinnend bei Eltern ankommt, ist ein schlüssiges Konzept und viel Erfahrung, die jede von uns Kolleginnen in ihrer eigenen Art ausdrückt. Wir sind froh, dass wir im Team gemeinsam handeln und unsere Zukunft gestalten, und danken EUCH, liebe FenKid-Kolleginnen, für das Vertrauen und Eure Begeisterung für das Buch.

FenKid-Material aus der Nähwerkstatt

Sobald nicht mehr nur die eigenen Finger und Händchen das Lieblingsspielzeug der Kleinen sind, wird an allem gemundelt, was sich interessant anfühlt. Das sollte anfangs noch nicht das kräftige Holzspielzeug sein, denn solange das Baby seine Hände noch nicht bewusst öffnen und schließen kann und unkoordinierte Bewegungen macht, kann es sich mit dem Holzteil selbst wehtun und sich dabei erschrecken.

Darum braucht das Baby als erstes viele verschiedene Stoffe mit kleinen verlockenden Details, wie Knopflöcher und Etiketten. Die FenKid-Tücher und -Greifspielwaren werden in der Münchner Nähwerkstatt des Vereins Netzwerk Geburt und Familie e.V. hergestellt. Aus Stoffen in Bioqualität genäht, haben die Püppchen, Tiere, und Tüchlein mindestens den Oeko-Tex®Standard 100 oder höhere Biosiegel. Sobald das Greifen sicherer geworden ist, ergänzen auch die leichten, unbehandelten Holzringe die Tücher und Tierchen, es folgen die größeren Kuscheltiere oder Handpuppen, die geduldig und lustvoll erforscht werden.

Wenn die Kinder beginnen zu robben und die ersten Stufen ihres Lebens zu entdecken, ist es wertvoll, erst mal an einer einzelnen, kleinen Stufe in sicherer Umgebung zu üben, und nicht auf der kalten Stein- oder Holztreppe draußen. Dafür können für Zuhause stabile Polster mit einem wohnlichen und kindgerechten Bezug versehen werden, der auch gewaschen und gewechselt werden kann.

Denn die erste Stufe verleitet das Baby, sie sehenden Auges – also vorwärts runterkrabbelnd – zu überwinden. Und das ist genau richtig und hilft größeren Unfällen entgegenzuwirken. Wenn das Baby schon früh lernen darf, eine Hürde aus eigenem Antrieb und vorwärts zu bewältigen, wird es erleben, dass es Einschränkungen meistern kann, auch wenn es dabei ab und zu strauchelt. Das stärkt sein Selbstwertgefühl und seine körperliche Balance und es weiß auch in Zukunft, dass es sich selbst helfen kann. Irgendwann wird es sich auch umdrehen und aus höheren Höhen (Bett, Couch, etc.) rückwärts absteigen, weil es den Sinn dafür verstanden hat. Diese Erfahrungen von Selbstwirksamkeit beim Klettern machen große Freude.

Das FenKid-Konzept in der Weiterbildung

Für pädagogische Fachkräfte in Krippen und (Groß-)Tagespflege

»Und in welchen Krippen finde ich nun die Haltung wie hier bei euch?« fragten Eltern, die auf der Suche nach einer für sie passenden Betreuungsform für ihr Kind suchten und nur selten fanden. So entwickelten wir die zweite Weiterbildung, diesmal aus der pädagogischen Sicht auf Eltern und ihre Kinder zwischen ein bis drei Jahren. In unserer FenKid-Lehrkrippe in München, deren Träger das Netzwerk Geburt und Familie e.V. ist, wird die Umsetzbarkeit einer feinfühligen Begleitung von Kindern und Eltern sichtbar. Eltern aus dieser Krippe geben uns die Rückmeldung, wie wohl sie sich mit der freundlichen und zugewandten Haltung der Fachkräfte ihnen und ihrem Kind gegenüber fühlen.

Die zweiteilige FenKid-Weiterbildung (12 Tage), deren Bogen sich von der achtsamen Pflege bis zur Begleitung von Konflikten unter Kindern spannt, wurde auf die Bedürfnisse der pädagogischen Fachkräfte abgestimmt, die noch wenig Erfahrungen mit dieser Altersstufe sammeln konnten, oder die ihre fachliche und

Zitate von Weiterbildungsteilnehmerinnen

»Schwierige Elterngespräche machen mir keine Sorgen mehr. Ich weiß durch Rollenspiele und bereits umgesetzte Gespräche in der Krippe, wie ich in guten Kontakt mit den Eltern kommen kann und gleichzeitig meine eigenen Bedürfnisse ernst nehmen kann.«

»Ich habe noch einiges Neues über Entwicklungsschritte und den Zusammenhang von Bewegungs- und Persönlichkeitsentwicklung von Kleinkindern gelernt; vor allem bei der Pflege gelingt es mir jetzt im Eins-zu-Eins-Kontakt den Kindern Zeit zu lassen und ihre Aufmerksamkeit mehr auf unser gemeinsames Tun zu lenken. «

persönliche Haltung verfeinern und zu mehr Gelassenheit und Ruhe im Umgang mit Kleinkindern finden wollen. Die Themenschwerpunkte der Weiterbildung sind die Stärkung von Bindungsprozessen und deren nachhaltige Verankerung, sichere Begleitung der frühen Bewegungs- und Persönlichkeitsentwicklung, Eingewöhnung bedürfnisorientiert gestalten und Erziehungspartnerschaft mit Eltern aufbauen und stärken.

Kursleitung von FenKid-Eltern-Kind-Kursen

Fachleute, die als Mütter oder Väter unsere FenKid-Kurse besucht hatten, fragten uns, wo sie denn diese achtsame Art der Kursleitung erlernen könnten. Wir nahmen das auf und entwickelten in Folge ein Konzept für die Weiterbildung. So wurde FenKid auch bald in andere Städte in Deutschland getragen. Für Frauen und Männer, die als Ergo- oder PhysiotherapeutInnen, als LogopädInnen, als Hebammen, als SozialpädagogInnen oder mit einem anderen pädagogischen oder therapeutischen Hintergrund in der Kursleitung ein neues oder ergänzendes Berufsfeld suchen, ist die Kursleitung eine ideale Möglichkeit dafür. Sie finden neue berufliche Perspektiven, indem sie selbständig in eigener Praxis oder in Teilzeit für Familienbildungsstätten, Mütterzentren etc. arbeiten und können ihre beruflichen Kompetenzen mit den reichen Erfahrungen als Mutter oder Vater verbinden. Seit 2006 bilden wir nun FenKid-KursleiterInnen weiter. Was uns immer wieder zurückgemeldet wird ist, dass diese Weiterbildung durch die wertvollen Inhalte und die Art der Leitung als »nährend« empfunden wird, sowohl beruflich als auch ganz persönlich. Neben den fachlichen und praktischen Säulen des FenKid-Konzeptes, fühlen sich die TeilnehmerInnen besonders gut für eine gleichwürdige Art der Gruppenleitung vorbereitet. Alle lizensierten FenKid-KursleiterInnen nehmen regelmäßig an fachlichen Weiterbildungen und Praxisbegleitungen teil und tauschen sich in einem internen Forum über relevante Fragen der Kursleitung aus, so dass die FenKid-Haltung in allen FenKid-Orten wieder zu finden ist.